우정씨 카드

박선자 수필집

청옥

글쓰기는 나의 짝사랑

여행하기 딱 좋은 지난 5월 말, 함께 활동하는 문인들과 3박 4일 동안 제주도 여행을 하면서 즐겁고 편안한 시간을 보냈다. 글 쓰는 분들이라 공유하는 감성이 많아서 그런지 경치를 보든 박물관의 작품을 보든 쉽게 공감대가 맞아 피곤한 줄 모르고 다녔다.

문학 창작 공부의 시작은 시였다. 첫 시 한 편 쓰기까지 무척 힘들었다. 대학에서 국문학 전공을 하고 국어 교사를 하면서 시를 가르친 시간이 모두 엉터리였다는 생각을 하니 나에게 배운 학생들에게 미안하다. 진정한 문학 공부는 창작을 해야 한다고 생각한다. 처음 쓴 시의 제목이 "짝사랑"이었다. 그때부터 글쓰기는 나의 연인이고 짝사랑이었다.

누가 그랬다. "애인은 폰으로 부르면 금방 달려오고, 연인은 가슴에 꼭 숨겨두고 늘 그리는 사랑이다." 글쓰기는 나에게 마약 같은 존재라 쉽게 떨쳐낼 수 없고, 쉽게 다가설 수 없는 꼭꼭 숨겨둔 연인인 사랑이 되었다. 감성의 은유와 함축으로 표현하는 시보다 가슴을 펼쳐 쓰는 산문 쓰기가 편하고 좋았다.

작가는 인구에 회자하는 글 한 편 쓰기를 소원하고 밤잠을 설치면서 글쓰기에 매달리며 노력하는 사람이다. 알지만 참 어렵다.

한 편의 글쓰기를 끝내고 나면 내가 또 한 편을 쓸 수 있을까를 걱정한다. 그러면서 어떤 사물과 사건을 접하든지, 색다른 경험을 하게 되면 가슴이 뛰고 글 한 편 써 보아야겠다면서 컴퓨터 앞에 앉는다. 연인을 찾아 나서듯이 깊숙한 내면을 들여다보면서 완성한 한 편의 글은 나를 정화하고 행복하게 한다. 그래서 글쓰기를 멈출 수 없는가 보다. 독자들의 평가가 어떠하든 한 편의 글을 쓰면 최선을 다한 것 같아 뿌듯하다.

쓰고 또 써 모은 글을 제3 수필집으로 부끄럽지만, 세상 밖으로 내놓는다.

2019년 6월 박 선 자

차례

제2부 우정 씨 카드

제3부 내 고향 금정구, 기찰 마을

제4부 발칸 여행 노트

제5부 식탐

서평

제1부

작은 배려

작은 배려配慮

금정도서관에서 인문학 강좌가 있는 날이다. 오전 10시에 강의를 시작하니 아침 시간이 바쁘다. 마음이 바쁘면 바쁠수록 시간은 참 빨리 지나간다. 하루가 무척 길고 지루한 날도 있지만, 오늘 같은 날은 조금만 꾸물대도 시간이 훌쩍 지나가버린다. 시간이 흐르는 속도는 매한가지인데, 정말 모를 일이다.

지하철 승강장에 내려서 계단으로 올라와 정산을 하고, 지상으로 가는 엘리베이터를 타는 곳까지 달리기하듯 걸었다. 이럴 때는 엘리베이터가 오르내리는 시간도 무척 길게 느껴진다. 조금 일찍 가야 마음이 넉넉하고 좋은 좌석에 앉아서 강의를 들을 수 있다는 것을 알면서도 어쩌다 보면 늦어져 있다.

엘리베이터 문이 열리고 승객은 남자 한 분과 나와 두 사람뿐이라 얼른 문을 닫으려 시도해도 닫히지 않는다. 문을 함부로 열고 닫아 고장이 많이 생기니 정해진 시간에 열고 닫히도록 작동해놓은 걸 알면서도 마음이 급하면 저절로 자꾸 누르게 된다.

엘리베이터 문이 닫히려는 순간 아주머니 한 분이 손을 흔들고 뛰어오며 함께 타고 가자는 신호를 보낸다. 승객이 만원이 아니니 어쩔 수 없이 열림 버튼을 누르고 기다렸다. 그녀가 문 가까이에 오자, 제법 뒤쳐진 거리를 두고 노인 한 분이 헐레벌떡 또 달려오는 게 아닌가. 마음은 급하고 짜증이 나도 여러 사람이 이용해야 하는 시설이니 버튼을 누르고 기다렸다. 그런데 뛰다시피 오던 노인이 갑자기 멈추어 서서 가만히 우리를 보고 서 있는 게 아닌가. "빨리 오세요. 올라갑니다." 들리도록 말해도 그냥 말없이 우리를 향해 서 있었다.

문이 닫히고 서서히 승강기가 움직이며 오르기 시작하자 그제야 노인은 승강기 쪽으로 발걸음을 떼었다. 나와 함께 타고 있던 승객이 "저 할아버지가 우리를 먼저 올라가라고 오다가 멈추어 선 것 같네요." 했다. "저도 그렇게 생각 되네요. 배려하는 마음이 느껴지네요." 하였다.

도서관으로 가는 길목에 서 있는 아름드리 가로수들이 오늘따라 더욱 싱그럽게 보인다. 목청껏 울어대는 매미 소리조차 시끄럽지 않고 오케스트라 합창 선율로 들리니 발걸음이 가볍다.

가만히 서서 우리 쪽을 바라보고 서 있던 노인이 아른거렸다. 어찌 생각하면 별 것 아닌 것 같아도 자기로 인하여 승강기 올라가는 시간이 지체될 것을 염려하여 멈추어 서 주는 배려의 마음을 누구나 가지기 쉽지 않을 것 같다.

나를 한 번 돌이켜 보았다.

마음이 느긋하다가도 승강장으로 올라가는 엘리베이터 앞에 서면 마음이 왜 자꾸 조급해지는지 모르겠다. 문이 열려 있다 닫힐 듯 보이면 어김없이 손짓을 하고 "함께 타고 갑시다." 소리를 질렀다. 그럴 때 열림 버튼을 누르고 기다려 주는 사람이 있는가 하면 그냥 닫힘을 누르고 올라가버릴 때가 있다. 거기다 타고 갈 자리가 텅 비어 보이면 "같이 타고 가도 좋을 건데." 하면서 원망을 할 때도 여러 번 있었다. 지금 생각해보니 그들 모두 약속 시간이 촉박하거나 바쁜 사정이 있어서 그랬을 것 같다.

그뿐 아니다. 승강장에서 내려올 때는 내린 승객이 한꺼번에 모이니 저마다 빨리 가려고 새치기도 한다. 승강기 안으로 한 사람 더 타면 만원이 될 것 같아도 억지로 비집고 들어온다. 그러면 '삐~' 하고 어김없이 문이 열린다. 이상하게 한 사람이 더 타서 '삐'하고 신호가 울렸는데, 마지막에 탄 승객이 내리고 또 한 사람이 더 내릴 때까지 만원의 신호음은 끊이지 않는다. 결국 그 사람 때문에 다른 한 사람이 내려야 되고 자연히 시간도 지체된다. 그러면 승객 모두는 마지막으로 탄 이에게 원망의 말을 한마디씩 뱉어낸다. 그래도 만원이라 쓰인 문을 쳐다보며 "만 원 나왔네요."하는 이가 있어 모두 웃으며 얼굴에 보름달이 뜬다.

오늘 아침에 마주친 노인의 아름다운 배려의 마음씨가 참으로 고맙다. 살면서 어쭙잖은 행동이나 잘못한 말 한마디로 가까운 사람에게 상처를 줄 때가 많이 있었으리라. 이제 여유를 가지고 생각하고 작은 배려라도 실천하는 삶을 살아야겠다는 마음을 덩달아 해보는 날이다.

지하철 역 근처에 살고 있어 전동차를 많이 이용한다. 약속 시간도 지킬 수 있고, 냉난방 시설까지 잘 되어서 사시사철 편하고 좋다. 거기다 지공에 해당되니 만만치 않은 교통비용을 들이지 않고 공짜로 탈 수 있으니, 참으로 좋은 세상에 복지를 누리며 살고 있다. 그러니 회향하는 마음으로 작은 배려라도 아끼지 말자 다짐해본다.

황금돼지의 꿈

어릴 적 할머니께서 "사람은 시근이 있어야 잘 산다."며 들려주신 이야기가 생각난다. '시근이 있는 사람'이란 생각과 발상이 뛰어나고 실천력이 있는 사람일 것 같다.

옛날에 외아들을 둔 부자가 아들 혼사를 위하여 며느릿감을 골랐다. 괜찮은 처녀를 정하여 작은 집을 마련하고 쌀 한 섬과 계집종과 머슴을 딸려 주면서 "1년을 잘 살면 정식 며느리로 삼고 곳간 열쇠를 맡기겠다."고 하였다. 쌀 한 섬이 몇 달 지나지 않아 바닥이 나니 배가 고파 견디지 못하였다. 두 번째로 들어온 며느리는 쌀 한 섬을 열두 달로 나누어 조금씩 먹으며 견디었으나 결국 일 년을 채우지 못하였다. 그런 소문 때문에 중매가 들어오지 않았다.

어느 날 가난한 집 처녀가 자청하여 살아 보겠다며 찾아왔다. 똑같이 쌀 한 섬과 머슴과 계집종을 딸려서 살림을 차려주었다. 자청하여 온 세 번째 며느리는 첫날 계집종에게 쌀을 주면서 떡을 하고 술도

빚으라고 시켰다. 며칠을 잘 먹이고 쉬게 한 뒤에 머슴에게 지게와 낫을 주면서 잘 먹었으니 뒷산에 가서 제일 좋은 땔감을 해 와서 마당에 쌓으라 했다. 남은 쌀로 떡을 하고 술을 담갔다. 그러고 며칠이 지나서 읍내 오일장이 열리자 팔아오라 시켰다. 그렇게 하여 돈을 벌고 양식을 장만하여 온 식구가 배불리 먹으며 지냈다. 병아리와 새끼돼지를 사 와서 키우니 재산도 모았다. 이를 지켜본 시아버지가 시근이 있는 며느리라며 안심하고 재산을 물려주어서 잘 살았다는 이야기다.

오늘 아침 조선일보 1면에 맨주먹 26세의 청년 사업가로 1억을 기부한 주인공 김영호 군이 주방에서 음식을 내는 앳된 얼굴이 아이돌 사진처럼 크게 떴다.

"불우하고 불행하다고 불평했는데 세상에 나보다 힘든 사람이 많더라"며 몹시 어려웠던 어린 시절에는 빨리 자라서 돈을 벌고 싶었고, 인생의 목표가 자립이었다던 그는 아너 소사이트에 가입하였다. 모금관계자는 "처음 세울 때는 50~60대 이상 재산가가 주축이었는데 최근 수년간 20~30대의 아너 소사이트들이 부쩍 늘고 있다."고 우리나라의 기부문화 주역이 바뀌는 청년세대 희망을 이야기하였다. 정말 반갑고 기쁜 소식이다.

살다 보면 누구나 아주 힘든 국면에 부딪힐 때가 있다. 그럴 때 실망하여 주저앉지 않고 새로운 돌파구를 찾아 나아가는 이가 할머니께서 들려주신 시근이 있는 사람이리라.

올해 기해년은 황금돼지 띠다. 돼지꿈만 꾸어도 재물(돈)이 들어오는 좋은 꿈이라 한다. 새해에는 모두가 황금돼지가 누런 돈다발을 물고 웃으면서 꼬리를 흔들고 방문으로 들어오는 꿈을 꾸었으면 좋겠다. 경제가 발전하여 일자리가 늘어나고 젊은이들이 결혼을 회피하지 않고 골목마다 어린이들의 웃음꽃이 피는 활기차고 행복한 금정구가 되기를 간절한 소망으로 새해맞이 기도를 드린다. 우리의 간절한 기도가 밑거름되어 밝고 환한 세상이 되리라 믿는다.

(2019년 금정 소식지 새해 칼럼 글)

고마운 사람들

어린 시절 할머니는 "사람 사는 세상은 층층 만 층 구만 층이다. 남의 손가락질 받지 말고 살아야 잘 사는 사람이다."라고 자주 말씀하셨다. 그땐 그 말씀이 무슨 뜻인지 알지 못했다. 무슨 층이 그리 많을까 그냥 일상으로 하시는 말씀이라 흘려들었다. 들을 때마다 "할매는 또 그라네." 하며 장난치며 웃기도 했다. 어른이 되고 세월이 흐르니 사회의 모습에서 헤아릴 수 없는 많은 층이 보이기 시작했다.

유유상종類類相從이란 같은 부류끼리 서로 내왕하며 살아간다는 뜻이다. 우리는 서로 비슷한 환경을 가진 사람끼리 만나 오래 사귄다. 구체적으로 말하면 학력, 건강, 경제력, 취미활동까지 비슷해야 지속해서 친하게 지낸다. 그러다 어떤 요인으로든 생활환경의 차이가 심해지면 자연적으로 헤어지게 된다. 지난날을 뒤돌아보니 연락 자주 하면서 지내는 지인들이 여러 사회적인 환경에 따라 많이 바뀌어 왔다. 그래도 친하게 지낸 오랜 벗은 수십 년 흐른 뒤에 만나도 반갑고

금세 예전으로 돌아가 많은 이야기를 나눌 수 있긴 하다. 모든 면에서 자신과 비슷한 사람끼리 왕래하며 살아가기 때문에 환경이 다른 사람들을 이해하지 못할 때가 많다.

작품을 쓰고 책을 출판하는 과정이 무척 힘들다. 그래도 마약처럼 떼어내지 못하고 문학의 언저리를 맴돌고 있다. 책을 처음 출판할 때에는 아무것도 모르고 저서가 한 권 생긴다는 것이 좋고 뿌듯할 뿐이었다. 배부하고 난 뒤에 많은 문인들이 소감과 격려의 말씀을 보내주셔서 진짜 내가 문인이 된 것처럼 자부심이 생기고 자랑하고 싶어졌다. 배부도 많은 문인과 지인들에게 우편으로 하였다. 문단생활을 몇 년 하고 나니 내 책을 정성껏 읽어 줄 사람에게 보내고 싶어졌다. 책이란 저자와 독자가 있어야 제대로 된 책이다, 그러기에 세 번째 출판한 시집은 반기는 분들에게만 보내기로 하였다. 출판사에서 모두 집으로 배달해 왔다. 배달지의 주소와 이름을 적고 우편과 택배로 배달할 묶음을 만들어 놓으니 우체국까지 가져가는 일이 문제였다. 택배기사는 집으로 오지만 시간 맞추기가 어려워 온종일 기다려야 하니 그만두었다. 책은 무겁다. 집이 4층이니 아래층까지 내리는 것도 무척 힘들다. 주위에 도와줄 사람도 없다. 힘겹게 아래층에 내려놓고 카트에 실어 우체국까지 몇 번을 가야 하겠구나 하는 순간 "책을 팔아 돈을 벌 것도 아닌데 별짓을 다 한다."는 생각도 들었다. 그렇지만 좋아서 하는 일이니 할 수 없지 생각하고 무거운 카트를 끌었다.

우체국까지 거리가 멀지 않아 쉽게 생각하고 나섰다. 얼마 못 가서 땀이 흐르고 우체국이 아득하게 멀리 느껴져 멈추어 섰다. 상가지역이라 오전 11시 전까지 사람들의 왕래가 뜸하다. 주위를 살피니 빈 상자를 가득 싣고 있는 리어카가 보였다. 지난밤 상가에서 내어놓은 빈 상자를 거두어 가는 손수레다. 손수레에 손을 얹고 주위를 둘러보니 아무도 보이지 않는다. 한참 있으니 40대로 보이는 체격이 남성처럼 튼튼한 여인이 빈 상자를 들고 온다.

"왜, 남의 리어카를 만지느냐?"며 기분이 상한 듯 물었다. 주인이냐 물어 보고 바쁜 일 없으면 책을 우체국까지 실어다 주면 일만 원을 드린다 했더니 의아해하면서 흔쾌히 대답했다. 저쪽에 더 있다 하여도 마다하지 않고 한 번에 실어갈 카트를 가져오더니 모두 담아 실었다. 가면서 길가에 나와 있는 빈 상자를 보이는 대로 주워들고 달리 듯이 앞장서 걸어간다. 무겁게 보여 돌아올 때 가져가자 했지만, 다른 사람이 주워가기 때문에 보이는 대로 가져가야 한다며 빠른 걸음으로 금방 우체국 안에 내려놓아 주었다. 내가 힘들어 할 수 없는 일을 쉽게 해주어서 얼마나 고마운지 수고비를 드렸더니, 이 아주머니께서 돈이 너무 많다며 안 받겠단다. 어리둥절하여 왜 그러냐며 주머니에 찔러 넣어주었다.

"이러면 안 되는데 별 힘든 일도 아닌데." 하며 고맙다는 인사를 몇 번이나 한다. 진작 고마운 사람은 나인데 자기가 미안해하였다. 일은 조금 하면서 일한 가치보다 더 달라고 떼를 쓰는 사람도 있는데 정말 이해되지 않았다.

책을 부치고 집으로 돌아오는 길에 그 아주머니를 다시 만났다. 돈을 너무 많이 받아서 미안하다며 또 돈을 건넨다. 나는 더 드리고 싶다 했더니 밝은 웃음으로 거듭 인사를 하고 헤어졌다.

돈 일만 원의 가치를 곰곰이 생각해 보았다. 지금까지 돈 일만 원의 가치를 너무 쉽게 생각하고 살아왔다. 남들이 편하게 자고 있을 새벽부터 상가를 돌며 폐지와 빈 상자 재활용품을 모으려고 안간힘을 쓰는 사람들을 생각했다. 그분들이 태산같이 실은 손수레의 물건값은 얼마나 될까 생각해본다. 아무 생각 없이 나보다 나은 자의 생활만 쳐다보며 내 것은 모두가 부족하다는 생각을 하며 살아온 자신이 부끄러워졌다.

요즈음 신문과 방송에 등장하는 특정 정치인들과 부정부패의 고리를 잡고 있는 사람들의 이야기에 '억'이라는 단어가 너무 쉽게 나온다. 억도 그냥 억이 아니다. 수십, 수백, 수천 억이 종이 두루마리를 펼치듯 아니면 고구마 뿌리에 엉켜 나오듯 연결된 수많은 인물이 심심찮게 등장한다. 그것만 아니다. 나중에 드러나더라도 개의치 않고 잘못한 일이 없다며 거기다 싱글벙글 웃으며 기자들과 인터뷰도 한다. 변호사까지 대동한 국민을 우롱하는 지도자 가면을 쓴 거짓말쟁이들의 뻔뻔한 모습을 보아왔다. 그들의 구차한 변명에 동승하는 머리 좋은 변호사들도 본다. 돈의 위력을 새삼 느끼게 해준다.

평범한 대다수의 서민은 평생을 살면서 억이라는 돈을 몇 번 만져볼 수 있을까. 그동안 나는 큰돈을 몇 번 만져보았는지 생각해 보았다. 기억이 별로 나지 않았다. 그러면서 일만 원을 아주 쉽게 여기고 살아온 것 같다.

어렵게 살면서도 양심을 지키는 사람들이 훌륭한 사람들이라 생각된다. 교육을 많이 받아서, 돈이 많아서, 지위가 높아서가 아니라 노력과 양심이 살아있는 양심을 지키는 사람들이 많은 사회가 따뜻한 사회라 여겨진다.

우리는 할머니의 말씀처럼 보통 사람들이 생각할 수 없는 여러 모습의 생활환경에 부딪히며 살고 있다. 층층 만 층 구만 층의 모습이다. 나이 들어서 겨우 조금씩 깨우친다.

어렵고 힘들게 살면서도 양심을 저버리지 않고 사회를 비난하지 않으며 묵묵히 일하는 사람들이 많다는 것을 느끼게 하는 든든한 아주머니는 정말 고마운 사람이다. 오늘도 손수레 가득 빈 상자를 채우고 있을 것이다. 그분은 나에게 일만 원의 가치를 깨우쳐 준 스승이다. 친구들에게 이야기했더니 대부분 공감하여 뿌듯하였지만, 계몽지도자가 된 듯하여 조금 쑥스러웠다.

회장이 별거더냐

메시지가 떴다. 문예창작반에서 문학기행을 알리는 문자다. 시간과 장소와 일정을 알려주는 알림장이다.

자주는 아니지만 낯설지 않게 날아와 일정을 잡아주는 문자, 문자메시지는 참 편리하다. 예전 같으면 일일이 전화로 아니면 엽서나 편지로 알려주어야 했다. 요즈음은 메시지 한 방으로 어떤 소식이든 빠르게 전할 수 있어 편하고 좋다.

오늘의 메시지는 좀 다르다. 내가 회장 자격으로 보내온 것이라서 그렇다. 어색한 기분이 들어서 총무님께 전화를 하려다 그만두었다.

회장직을 맡아서 일 년의 임기가 끝나고 올해는 홀가분하게 다닌다. 특별히 하는 일은 없어도 회장을 맡았을 때는 모든 일에 신경이 쓰였다.

지난해는 일주일에 한 번 문학수업을 했지만, 올해는 한 달에 한 번만 해서 회장 총무가 없어도 잘 진행되어간다.

문학기행이라는 일정이 잡히니 여러 가지 준비해야 할 일이 생겼을 것이다. 마침 매사에 솔선수범하는 지난해의 총무가 앞장서서 참가자를 모으고 회비며 타고 갈 차량까지 모두 준비해주어서 고맙게 생각하고 있었다. 그런데 난데없이 알림장에 회장으로 임명장(?)을 보냈으니, 놀랍고 민망한 생각이 든다. 지난해에 맡아서 별 하는 일 없이 직함만 달고 보낸 기억이 미안한데, 또 회장이라니!

별것 아닌 것 같아도 작은 모임 큰 모임 할 것 없이 회장직함을 가지면 무거운 책임감을 느낀다. 여러 면에서 분수에 맞는 품위유지와 비용까지 따라야 하니 더욱 어렵게 여겨진다. 거기다 맡은 직분을 제대로 못 했을 때는 미안하고 부끄럽다. 그러기에 그냥 따라다니며 협조하는 평회원의 위치가 제일 편하다. 나이까지 들고 보니 어디 가든 나잇값도 해야 하니 더더욱 그렇다.

직책이란 무거우면서 자신을 돌아보게 하는 삶의 여정도 된다. 나를 인정해주어서 맡겼다 생각하면 긍정적인 면도 있어서 감사할 따름이다. 나를 위한 것보다 다소간에 책임과 봉사도 따라야 하니, 모임에 적극적으로 참석하여 활동하게 되고 생활의 활력소도 된다. 세상을 보는 시각도 여러 회원을 생각하며 살필 수 있어 배려하는 자세도 배운다.

각종 모임에서 단체장 선거를 보아왔다. 지극히 주관적이지만, 자격미달인 사람이 회장을 무슨 훈장쯤으로 생각하고, 상대를 비방하면서까지 기를 쓰며 매달리는 것이 부정적으로 보일 때도 있다. 그렇지만 나쁘게 볼 일도 아니라는 생각이 든다.

그들에게 명예에 대한 남다른 욕구가 있을지 몰라도 봉사정신을 가지지 않으면 선뜻 나설 수 없는 자리가 회장 자리라 생각하니 긍정적으로 보인다. 해서 사전에서 회장의 뜻을 찾아보았다.

'회의 사무를 총괄하고 회를 대표하는 사람' 즉 회를 대표하여 모임의 의무를 관리하는 사람이라는 의미니, 책임감이 투철한 사람이어야 한다는 속내다.

회장의 면면을 보면 기세등등한 대기업의 회장에서부터 별별 모임의 회장이 다 있다.

우리나라의 경우, 산업화와 도시화 사업이 활발했던 경제개발 초창기에 건장한 중년의 남자들이 무리지어 지나가는 쪽으로 '사장님' 하고 큰소리로 부르면 모두가 돌아본다 했다. 단체가 많아진 요즈음은 '회장님' 하고 부르면 모두 돌아본다 한다. 그만큼 모임이 많이 생겼다.

하늘에 숱한 별이 있듯이 혼자 생활할 수 없는 사회에서 생활하는 우리들은 여러 종류의 모임에 참여하면서 살아야 하고, 자기에게 맞는 집단에 속하게 된다. 거기엔 규칙과 질서가 있으므로 자연스럽게 구성원을 대표하는 회장이 필요하기 마련이다.

작은 모임이지만, 이왕지사 회장으로 문자는 찍혀왔고 온갖 자잘한 일은 총무가 알아서 해주니 무임승차하는 마음이 미안하여도 "내가 왜 회장이냐."고 따질 것 없이 고맙게 받아들이기로 하고 총무에게 전화를 걸지 않았다.

"사는 게 뭐 별것 있느냐, 욕 안 먹고 살면 되는 거지…." 운운하는 유행가 가사처럼 '회장이 뭐 별거더냐? 회원들이 좋다는 쪽으로 생각하고, 원하는 대로 힘을 모아주려는 마음만 가지면 되는 것이지.' 생각하니 마음이 편하다.

새해 앞에 멈추다

새해를 맞으면 누구나 지난해보다 더 나은 생활을 꿈꾸며 새로운 희망을 설계한다. 방송국에서도 각각 독특한 기획으로 프로그램을 방영하여 청중들에게 유익한 한해를 설계하는 데 도움을 준다.

저녁에 TV를 켰다. 마침 연예인 두 사람이 새해를 맞이하여 모교에 입학하는 장면이 흥미롭게 방영되고 있었다. 40대의 남자 탤런트들이다. 고등학교 교복을 입고 후배들과 교실에 앉은 어색함을 코믹하게 연출하여 화면을 고정시켰다.

첫 수업이 작문시간이다. 글쓰기 제목은 '30년 뒤의 나의 모습.'

학생들은 각자의 30년 뒤를 떠올리며 고민하였다. 연예인 중 한 사람이 "나는 이 세상에 없을 지도 모른다."라고 중얼거린다. 순간 "맞다. 나도 30년 뒤면 이 세상에 없는 게 정답이다." 생각했다.

한 명씩 나와서 쓴 글을 읽었다. 재학생들은 저마다 30년 뒤 중년이 넘었을 자기를 떠올리며 그때 후회하지 않도록 열심히 노력하겠다는 다짐의 글을 썼다.

중년을 넘긴 연예인, 30년 후에 내가 살아 있을까를 고민하던 그가 나왔다. 표정이 조금 심각해 보였다. 글을 읽는 내내 자기 가족에 대한 고마움과 지나간 세월의 뉘우침과 후회로 울먹이다 멈추고 감정 추스르기를 몇 번 되풀이하였다. 그러면서 이러지 않으려 했는데 하며 부끄러워했다. 그 모습에 마음이 찡하고 아렸다. 내 삶의 여정도 자연스레 되새겨 보았다.

6·25사변이 난 이듬해 초등학교에 입학하였다. 부산이 고향이라 피난을 가지 않았다. 전쟁의 참혹한 현실과 가족과 헤어지는 아픔을 모르고 지냈다.

6·25사변의 기억은 우리 집 앞 한길에 미군이 탄 쓰리쿼터 행렬이 쌩쌩 북쪽으로 꼬리를 물고 이어 달렸고, 어른 누군가는 어린 우리에게 "헬로우 기브미"를 외치며 손짓을 하라 시켰다. 달리던 차의 미군들이 국방색 깡통을 획획 던져주었다. 깡통 따개도 없으니 부엌칼과 망치로 탕탕 쳐서 열었다. 그 안에 지금 우리가 먹는 짭짤하고 달콤한 비스킷이 들어 있었다. 처음 먹어본 그 과자 맛이 너무 맛있어 우리는 연신 "헬로우 비스킷"을 외쳤다. 동남아 여행에서 '일 달러'를 외치는 어린이들을 보며 가난하고 고달프던 잊었던 전쟁의 먼 기억이 떠올랐었다.

중학교 2학년 때 학교 도서관이 처음으로 문을 열었다. 방과 후 도서관에서 책을 읽을 수 있었다. 집으로 대여되지 않았다. 교과서 외의 책과 만남의 첫 장소였다. 조금은 낡고 버석한 누런 종이의 책 『알프스의 소녀 하이디』가 처음으로 내가 읽은 책이다. 지금 그 책이 눈앞에 아련히 보인다. 스위스 여행에서 푸른 초원으로 덮인 아름다운 알프스 산을 바라보며 소녀 하이디와 할아버지, 목동 피터가 막 달려오는 환상에 젖던 중학교 도서관 구석자리가 그리웠다. 한창 독서삼매에 빠져 있을 때 선생님께서 "책을 반납하라."고 하면 아쉬워 맥이 딱 풀렸던 기억, 다음 페이지 이야기가 얼마나 궁금하고 알고 싶었던지…. 그뿐 아니다. 수업이 끝난 뒤 빨리 가지 않으면 다른 학생이 내가 읽던 책을 가져가니 마지막 수업시간은 온통 도서관 쪽에 있었다. 그렇게 『소공녀』, 『걸리버 여행기』, 『톰 소여의 모험』 등 지금은 유치원생도 읽는 책을 중학교에서 읽었으니 독서 문화가 엄청 어려웠던 시절이었다.

대학에서 공부를 열심히 하였다. 강의가 없는 시간은 도서관에서 독서로 시간을 보냈다. 읽지 못한 인문학 분야의 책과 문학도서가 너무 많았다. 아무리 읽어도 모자람을 느꼈다. 창작에 뜻을 두지 않았다. 문학의 밤과 교지에 친구들에게 뒤지지 않을 정도의 글을 쓰긴 하여도 작가가 되겠다는 절실함은 없었다. 졸업을 하고 중학교 국어교사로 재직하다 결혼을 하였다. 그렇게 20대가 흘러갔다.

전업 주부가 되었다. 그러다 다시 교사생활을 하고 또 접고 하다를 반복하며 산을 넘고 강과 바다를 건너면서 세월은 참 빨리 지나갔다. 대학 4년의 세월과 국어교사 생활의 여정으로 문학은 항상 내 곁을 맴돌면서 나를 책과 친하게 만들었다. 책은 나에게 언제나 절친한 친구며 위로와 안정의 천사였지만, 글쓰기는 연인으로서 먼 거리에서

서성이었다. 늦게 문학창작에 발을 디디고 보니 국어교사 시절 창작에 뜻을 두었다면 얼마나 좋았을까. 제자들에게 훨씬 좋은 국어선생으로 알차게 가르쳤을 것인데 그러지 못해서 제자들에게 미안하다.

50대 후반부터 약 10년간의 복지관 한글선생의 경험은 감사와 봉사를 배웠던 시절이다. 특히 우리글을 배우지 못한 여성들이 많다는 사실에 놀랐다. 그들에게서 남녀차별 때문에 배움으로부터 타의에 의해 소외되고 괄시받았던 여성의 삶을 읽었다. 글을 배우지 못한 삶의 고단함과 애환을 듣고 어려운 시절 나에게 최고학부까지 공부를 시켜준 부모님께 감사했다. 요즈음도 가끔 복지관 제자 할머니들이 전화를 하시고 그들의 근황을 들려주신다. 참 순수하고 인정이 많은 분들이었다.

세월이 흘러 살아갈 날이 지나간 세월보다 적게 남았으니 30년 뒤는 생각할 수조차 없다.

작년에 국내외로 함께 건강하고 즐겁게 여행했던 친구가 갑자기 생각지도 못한 큰 병에 걸려 치료차 서울로 떠났다. 너무 많은 시간을 함께 하였기에 안타깝고 허망하여 마음을 다스릴 수 없어 나도 같은 병에 걸린 듯하였다. 새해 벽두에 문학 동인이 돌아가셨다는 소식은 가슴을 울렸다. 함께한 시간은 많지 않았지만, 정이 넘치는 따뜻한 시인이었는데, 잔을 올리니 울컥 눈물이 나왔다. 나는 여간 슬픈 일 아니면 눈물을 흘리지 않는 사람이다. 가슴 어딘가 정이 메마른 때문일까 생각한 적도 있었다. 어릴 적 누구와 다투어도, 남편과 입씨름을 할 때도 울어본 적이 없으니 여자의 눈물 무기는 나와 먼 거리에 있었다. 정말 슬픈 자리 또는 슬픈 시늉이라도 해야 하는 자리에는 민망할 때도 있었다. 이런 심정을 말하면 아직 큰 슬픔을 경험하지 못한 탓이라 했다.

남편을 저 세상으로 떠나보내고도 마음 놓고 울 수 없었다. 지금까지의 대소사는 앞에서 이끌어주는 사람이 있어 따라만 가면 되었다. 이제 내가 주관하여 장례식을 무사히 치러야 된다는 생각에 울 수가 없었다. 장례식을 치르고 얼마를 지난 뒤 남편과 함께 자주 다니던 마트에 구입할 것이 있어 무심히 들어갔더니 나도 모르는 눈물이 마구 쏟아져 감당을 할 수 없었다. 부부의 정이 나도 모르는 사이에 가슴 깊이 짙게 쌓여 있었던가 보다. 요즈음은 나이 때문인지 환경에서 오는 외로움 탓인지 어디 숨어있는지 모를 우울함과 슬픔이 간혹 괴롭힐 때가 있다. 그러면 마음을 가라앉히고 모든 일을 긍정적으로 보려고 노력해본다.

새해가 지난 며칠 뒤 새벽에 동네 목욕탕을 갔었다. 등을 밀어 주는 이가 있다. 누워있으면 등만 아니라 뒤쪽 모두를 깨끗이 씻어 준다. 한창 등을 밀고 있는데, 누군가 등 미는 곳에서 일 미터 간격도 되지 않는 샤워기에서 몸을 씻으니 내 어깨와 얼굴로 물방울이 마구 뿌려졌다. 전에도 종종 있는 일이라 얼굴을 반대로 돌리고 고개를 숙여 견뎠다. 등밀이가 다 끝나도록 물을 튕기니 살살 심기가 불편해졌다. 그녀는 온몸에 비누칠을 하고 키대로 서서 씻고 있는 게 아닌가. 이제 비눗물까지 마구 튕겨왔다. 하도 어이가 없어서 눈이 마주치자 "저쪽 씻는 자리에서 좀 씻지 물이 튕겨서…." 하며 언짢은 표정을 하고 내 자리로 돌아왔다.

조금 있으니 앙칼진 여자의 목소리가 등 뒤를 마구 할퀴었다. "같은 돈 주고 왔는데, 어디에서 씻던 무슨 상관이냐."는 항의였다. 돌아보니 험상궂은 얼굴로 붉으락푸르락 하며 마구 소리를 질렀다. 민망하고 황당하였다. 속으로 '당신이 튕기는 물세례가 기분 나빴다.'고 따지고 싶었지만, 입 꾹 다물고 참아내었다. 만약 내가 어떤 말을 한마디라도 되받아 하면 한바탕 알몸전쟁이 일어날 것 같았다. 누군가 볼까 창피하였다. 나보다 젊고 체격도 크고 살집이 대단하니 참아야지. 혼자 고래고래 소리를 지르다 잠잠해져서 빨리 나와 버렸다. 등 밀어 주는 이가 나에게 미안한 듯 씩 웃어주었다.

집으로 돌아오며 생각했다. 끝까지 참고 내 자리로 갔으면 좋았을 걸 후회되었다. 상대편이 모르고 한 일이겠지. 나에게 물이 튕기는 것을 알았다면 그렇게 하지 않았을 테지. 우리가 모르고 잘못한 일이 어디 한두 가지 뿐이었을까…. 아직 나에게 마음 닦을 일이 많이 남았구나. '모든 것을 수용하고 참는 새해로 살자.' 되뇌어 보았다. 작년보다 올해가 나아질 것을 기대하며 떠오르는 밝은 새해 앞에 마주 앉았다.

너는 23등

우리는 날마다 많은 사람과 만나고 헤어진다. 어떤 사람은 좋은 벗으로, 어떤 이는 친구지만 경쟁의 상대가 된다. 때로는 해롭게 하는 이도 있고 유익한 정보와 가르침으로 세상을 살아가는 힘을 북돋워 주는 이도 만난다. 그리 살다 보면 삶의 질도 차츰 나아진다. 사람은 사회적 동물이고 혼자 살아갈 수 없다는 것이 진리인 것 같다.

봉순이는 초등학교와 중, 고등학교 동기생이다. 중학교 일 학년 때 같은 반 친구였다. 별로 친하게 지내지 않았지만, 내가 우등생이 될 수 있는 빌미를 제공한 친구여서 잊을 수 없다. 나는 중학교 일 학년까지는 열심히 공부하는 학생이 아니었다.

맏딸이어선지 명절 옷을 사면 여동생에게는 양장을 사주고 나에겐 꼭 한복을 사 주셨다. 치마저고리 한복보다 바지와 셔츠가 한 벌인 양장이 입고 싶었다.

정미소에 떡방앗간까지 하는 우리 집은 명절이면 항상 바빠서 아버지는 잠깐 시간을 내어 명절 옷을 사러 가셨다.

5학년 추석 때였다. 아버지에게 한복 대신 양장을 사 달라 부탁했는데 동생은 양장이고 내 옷은 또 자주색 치마에 은회색 저고리에 자주 고름 달린 한복이었다. 찌지미라는 새로 나온 천의 색깔이 고와서 사 오셨다지만, 옷을 보는 순간 너무 화가 나서 안 입겠다고 마구 울었다. 양장도 사 줄 것이니 이발을 하러 가라고 달래셨다. 그때는 미장원이 없어 모두 이발소에서 머리를 깎았다. 이발소에 갔다가 오는데 갑자기 다리가 휘청거리고 발이 제대로 움직여지지 않았다. 누군가가 "자가 왜 저리 걷노."하는 말이 들리는 것 같았다. 겨우 집에 왔다. 그때부터 일어서지도 걷지도 못하는 병에 걸렸다. 5학년 2학기에서 6학년 1학기까지 일 년을 누워서 지냈다. 여러 병원과 의원을 다녀서 어떻게 회복되었는지 알 수 없다. 소아마비와 각기병이라 진단받기도 했지만, 확실한 병명은 지금도 모른다.

할머니가 늘 내 곁에 계셨다. 해가 기울고 방문으로 저녁놀이 붉게 비칠 때면 지는 해를 따라 죽는 상상을 하였다. 죽으면 어떻게 될까 두렵기도 했었다.

병이 차츰 나아져서 몇 발짝 걸을 수 있었다. 어쩌다 하루씩 자전거에 태워져 학교에 가면 6학년 입시생이라 쪽지 시험을 봤다. 그때마다 거의 만점을 받아 담임선생님께 칭찬을 들었다.

중학교에 합격하였다. 부모님은 합격한 것만도 대단하게 생각하셨던지 공부하라 하지 않았다. 숙제도 제대로 하지 않았고 시험공부를 따로 한 적 없이 한 학기가 지나고 일 학년 일학기 통지표를 받았다. 그때 나의 짝이 김봉순이었다.

여름 방학식 날 봉순이는 내 통지표를 보여 달라 하였다. 내 것과 자기 것을 자세히 비교해 보고 자기는 반에서 10등인데 너는 23등이라며 뽐내었다. 그때 한 학급의 학생은 60명이 훨씬 넘었다. 그 말을 듣고 생각해보니 부끄럽기도 하고 초등학교에서 나보다 공부를 못했는데 뻐긴다 생각하니 기분이 나빴다. 그 뒤 시험 기간에 공부를 조금 했더니 학년 말에 10등을 하였다. 봉순이에게 몇 등 했는지 묻지 않았다. 그 뒤 그 애의 성적은 모른다. 학년이 끝나는 조회시간에 우등상을 받는 친구가 부러웠다.

2학년이 되면서 같은 교실에서 같은 선생님에게 배우는데 어떤 친구는 우등생이 되고 나는 왜 못 되는가. 우등상을 받은 친구의 학습 태도가 궁금하여 자세히 살펴보려고 일부러 뒷좌석에 앉았다. 똑바른 자세로 선생님의 설명을 열심히 듣고 무언가 적기도 하는 친구를 보고 '수업 태도가 좋으면 공부를 잘하는구나!' 깨닫고 가만히 바른 자세로 앉아 수업을 들으니 처음엔 온몸이 뒤틀리고 괴로웠다. 습관이 되니 괜찮아졌다. 우등생은 못 되어도 성적이 상위권에 들어 무시험 전형으로 고등학교에 입학하였다.

항상 전교 일등을 내놓지 않는 친구가 있었다. 친구들이 그 애는 초등학교 때부터 어머니가 예습 복습을 하루도 빠지지 않고 시켜서 공부를 잘한다고 하였다. 그때까지 나는 한 번도 예습 복습을 하지 않았다. 숙제도 제대로 하지 않아 꾸지람도 듣는 학생이었다. '나도 예습 복습을 빠뜨리지 않고 하면 우등상을 받을 수 있겠구나!' 생각했었다.

여고생이 되면서 학교가 파하면 집으로 돌아와 이른 저녁을 먹고 잠을 잤다. 밤 12시경에 일어나 세수를 하고 그날 배운 과목을 복습하고 다음날 배울 과목을 예습하고 등교하였다. 같은 동네 친구들이 시험 기간이 되면 내방으로 공부하러 왔다. 참고서와 공책을 모두 주며 공부하라 이르고 초저녁부터 그들 옆에서 잠들었다. 한숨 자고 일어나보면 그들은 이리저리 뒹굴며 단잠에 빠져 있었다. 그때부터 나는 시험공부를 하고 학교에 갔다.

성적을 발표하면 우리 집에 공부하러 오는 친구들이 내가 공부도 하지 않고 잠만 자는데 성적은 좋다고 하였다. 깊은 잠에 빠지면 데려가도 모를 나이여서 새벽에 혼자 일어나 공부하는 것을 모르고 하는 말이었다. 우등생이 되고 반장도 하였다.

가만히 생각해보니 중학교 일학년 때 짝이던 봉순이가 "너는 23등"이라는 자극을 주지 않았다면 내가 공부를 열심히 했을까. 그 뒤 별로 친하게 지내지 않았지만, 나에겐 이로운 동무였다. 항상 일등을 하던 친구는 서울 공대를 거쳐 미국 유학을 하고 공학박사로 유명한 교수가 되었다. 수업 태도가 좋아 나의 본보기가 되었던 동무는 사범학교를 졸업하고 초등학교 교장으로 퇴임하였다.

나는 열심히 공부하였고 서울로 대학진학을 하고 중학교 국어교사를 하였다. 결혼을 하고 20여 년을 자신을 위한 공부와 노력 없이 평범한 생활에 안주하였다.

지금 자서전 쓰는 공부를 하면서 옛날을 회상하고 있다. 학창시절

공부도 중요하지만, 사회생활의 성공여부는 자신의 성취를 위하여 끊임없이 공부하고 노력하느냐에 달렸다고 생각된다. 지금 봉순이는 어디서 무엇을 하고 있는지 궁금하고 보고 싶다.

그림의 떡

2018년 여름을 누구는 폭탄처럼 퍼붓는 햇살이라 한다. 지인을 만나면 지긋지긋한 무더위를 어떻게 이겨내는지 안부부터 물었다. 예년보다 훨씬 빨리 찾아온 더위에 연례행사로 찾던 태풍 소식마저 끊어진 8월의 더위는 가히 살인적이다. 즐겁지 못했던 추억을 잊으려는 심리가 작동했을까, 올해처럼 무더운 기억은 없다. 더위를 핑계 삼아 친구들과 모임을 모두 취소해 버렸으니 집에서 보내야 한다. 그러지 않았다면 에어컨 바람으로 시원한 식당이나 백화점에 가서 몇 시간이라도 이야기를 나누며 보냈을 것인데 후회도 된다. 집에 에어컨이 있어도 전기요금을 생각하면 마음이 졸여 장시간 켤 수 없다. 어쩔 수 없이 냉방시설이 좋은 도서관으로 간다.

도서관으로 가는 비스듬한 오르막길은 쑥쑥 뻗은 아름드리 푸른 가로수가 무성한 그늘을 내어주어도 푹푹 열기를 뿜어낸다. 여름의 막바지를 노래하는 매미의 울음이 오케스트라의 음률이 되어 요란하다. 등은 땀이 흘러 범벅이 된다.

"월요일은 정기휴일"이라는 팻말이 확 얼굴을 덮친다. 눈이 핑 돈다. 땀이 쭈르르 흐른다.

월요일은 정기휴일이라는 사실을 챙기지 못한 나의 실수를 어찌하랴. 돌아오는 지하철 안의 냉방시설은 가히 특급이라 바깥세상과 별천지다. 그렇다고 지하철을 타고 하루 종일 쓸데없이 다닐 순 없으니 다른 이들은 어떻게 지낼까 생각하면서 방 안의 작은 에어컨을 켰다. 매사에 절약하며 살아온 우리 세대는 누진세가 있을 전기요금을 생각하면 선뜻 스위치에 손이 가지 않는다.

가전제품이 일반화 되다보니 집집이 중고품 에어컨이라도 있지만 아끼면서 살아온 이력이 습관으로 굳어져 가정집 누진요금 때문에 손이 먼저 겁을 먹는다. 뉴스에 대통령께서 7, 8월 두 달 동안 전기요금을 완화해 준다 한다. 그래도 누진세를 없애는 것이 아니고 완화라 하니 얼마쯤일까 몰라 마음대로 켤 수 없다. 손님이 오시든지 자식들이 올 때만 아낌없이 켜고 가고나면 꺼버리고는 땀을 뻘뻘 흘리며 그냥 참아내며 어리석게 살아간다. 그러니 에어컨은 그림의 떡이다. 우리만 아니라 부모님과 조상의 삶이 오늘 우리의 생활과 크게 다르지 않았으리라. 그분들의 절약정신과 노력이 있었기에 우리나라가 동남아 여러 국가의 후진된 삶에서 벗어날 수 있었다 생각된다.

요즈음 유튜브 뉴스나 동영상에서 현 정권의 잘잘못이 무수히 날아온다. 스마트폰이 대중화 되었으니 누구나 공유하여 읽고 있다. 국제정세와 북한과의 관계가 진짜 뉴스인지 가짜 뉴스인지 구별하기 힘든 세상에 살고 있는 노인세대는 이해하기 어려워서 헷갈리고 걱정스럽다.

"우리는 살 만큼 살았는데 지금의 젊은 세대는 어떻게 살아갈까?" 이해하기 어려울 만큼 발전한 과학기술인 인공지능, 로봇, 3D, 4차 산업혁명 등이 세상 전부를 지배할 시간이 머지않았다고 과학자들이 말하고 있다. 현존하는 많은 종류의 직업이 사라질 것이라 한다. 실제로 우리가 좋은 직업이라 알고 있던 직업의 가치가 바뀌고 없어진 것이 많다. 현 정부는 "스마트도시"를 국가차원의 전략 도시산업으로 육성한다며 부산과 세종시에 시범사업을 시작했다고 한다. 우리는 그 용어조차 이해할 수 없으니 젊은 세대에게 무슨 조언을 할 수 있겠는가.

어느 시대나 기성세대는 젊은 세대가 하는 일이 마땅찮았다. 그래도 세상은 발전에 발전을 거듭하여 왔음을 역사는 보여주고 있다. 무더위에 쫓기는 지금은 거창한 미래보다는 가정집 누진요금이라도 해결되어서 집에 에어컨을 두고도 그림의 떡이 되지 않았으면 좋겠다는 소박한 바람이 우선이다.

차근차근 천천히

오늘은 번개팅하는 날이다.

나와 친구 세 명은 번개팅 멤버라서 정해진 날짜가 없이 만나고 싶을 때 모인다. 만나서 맛있는 음식을 먹고, 보고 싶은 영화관람 아니면 음악회도 찾아가고, 박람회, 미술전시회도 간다. 전망이 좋은 카페에서 향이 진한 커피를 마시며 실컷 수다로 꽃을 피우는 날이다.

해운대 영화의 전당에서 오전에 한 번만 상영하는 영화 "인생 후르츠"를 관람하려고 일찍 만나기로 했다. 너무 서둘러서 약간 부담도 되었지만, 얼마나 좋은 영화이기에 이렇게 서두르는가 싶어도 모처럼 하는 번개팅이니 이해하였다. 사실 내가 사는 금정구에서 해운대 영화의 전당까지는 먼 거리다. 운전하는 친구가 있어 항상 고맙다.

"인생 후르츠" 일본 영화, 다큐멘터리.

배경은 일본의 시골 마을로 수령이 오래된 나무가 무성하고, 텃밭에 여러 가지 채소를 기르는 집이다. 90세의 할아버지 츠바타 슈이치와 87세의 할머니 츠바타 히데코가 주인공인데 노부부가 사는 일상 생활을 꾸밈없이 펼쳐가는 내용이 영화의 줄거리다. 의상도 그들의 모습에도 꾸밈이 없다. 아침에 일어나면 우리가 일본 시골의 통나무 집에서 흔히 보는 높은 벽에 위치한 높다란 창문을 열어 햇빛을 받아 들인다. 각자 밖에 나가 밭을 가꾸는데 할머니는 텃밭에서 나는 식재료인 오이 감자 당근 등으로 아침식사를 맛있게 요리한다. 할아버지는 할머니가 헷갈리지 않게 곳곳에 표지목을 세우고 예쁜 그림을 그려 넣어 작물 이름을 새겨 꽂아 둔다. 나무 아래에 큰 항아리를 놓아두고 물을 채워서 새들이 날아와 물을 먹고 놀다 가도록 해놓았다. 팻말에 "새들이 날아와 물을 먹고 놀다가 가는 곳" 그 배려의 마음이 참 아름답다. 화면에 자주 등장하는 시 구절이 있었다.

바람이 불면 낙엽이 떨어진다.
낙엽이 떨어지면 땅이 비옥해진다.
땅이 비옥해지면 열매가 열린다.

차근차근
천천히

바람이 불면 낙엽이 떨어지고 그 낙엽이 쌓여 거름이 되고 땅은 비옥해져서 튼실한 열매를 맺는다. 차근차근 천천히, 땅 위의 순리가 담겨있는 시다. 아무리 기계화 시대, 자동화 시대, 컴퓨터 시대가 되어도 변하지 않을 모습이 마음을 설레게 하며 고개를 끄떡이게 했다.

노부부의 합산 나이는 177세 65년을 함께 살아왔다. 젊은 시절 슈이치는 촉망받는 건축가였다. 1960년대에 자연과 공존하는 건축물을 짓는 프로젝트에 참여했으나 닭장 같은 아파트를 짓는 개발자의 이익 앞에 뜻을 펼칠 수 없음을 알고 마음을 접었다. 그리고 시골에서 200년 전통을 가진 양조장 막내딸 히데코와 결혼하여 마을 민둥산 언덕배기에 사철나무를 심고 텃밭을 일구어 자연 친화적 생활을 하신다.

할머니는 텃밭을 가꾸고 자신이 할 수 있는 일은 혼자서 척척 해내며 할아버지가 하는 일을 모두 긍정적으로 보고 자신이 도울 일은 빠짐없이 도와준다. 서로의 마음을 읽으며 배려하고 각자의 자리에서 최선을 다하며 행복한 생활을 꾸려간다. 할아버지는 매일 손 편지를 써서 먼 이웃과 지인에게 마음을 전하기 위해 자전거를 타고 우체통에 편지를 부치러 가는 신나고 즐거운 모습이 정말 감동이었다.

남편을 위해서 텃밭의 작물로 정성껏 식사를 준비하는 할머니 곁에서 90세의 슈이치 할아버지가 조용히 생을 마감한다. 홀로된 할머니가 어떻게 지낼까 걱정되었는데, 슬픔을 내색하지 않고 씩씩하게 살아가며 끼니마다 할아버지의 밥상도 생시처럼 챙겼다.

요즈음 우리 사회에서는 누군가 돌아가시면 사찰에 사십구재를 올리고 일주일에 한 번씩 일곱 번 재를 지내는데 근래에는 사십구재를 일곱 번이 아니라 세 번으로도 마치고, 한 번만 의식을 하는 곳도 있다. 모든 것이 정성이고 마음이라 하지만, 너무 편하게 치르면서 합리화하는 것 같게 느껴진다. 영화를 보면서 며칠 동안이라도 가신

분을 생각하며 집에서 정성껏 밥을 지어 올리는 것이 사십구재를 지내는 것보다 더욱 고인을 생각하고 기리는 정성이 아닐까 생각해보았다.

노부부의 일상이 참 행복해 보였다. 지난 세월 남편하고 살았던 나의 삶도 되돌아 볼 수 있었다. 별로 잘난 것도 잘하는 것도 없으면서 자존심만 기득했던 날들, 상대를 배려하고 이해하고자 하는 마음보다 상대가 나를 이해하고 베풀어 주지 않는다는 마음만 가득했던 철없는 젊은 시절을 떠올려 보았다. 다시 젊은 날로 돌아갈 수 있다면 하고 싶은 일이 너무 많을 것 같다. 아직 살아 있으니 지금부터라도 후회할 일을 적게 하고 배려하며 살고 싶다는 생각을 해보았다.

클라이맥스가 있고 가슴을 졸이는 스릴이 넘치는 영화는 아니었어도 잔잔한 감동으로 가슴을 울리는 영화였다. 아직은 추운 늦은 겨울날이었지만 푸르고 시린 바다가 확 펼쳐져 있어 가슴이 펑 뚫리는 송정의 한 찻집을 찾았다.

지나온 삶을 서로 풀어 놓으며 '인생 후르츠' 이야기로 시작한 번개팅은 차근차근 천천히 인생을 돌아보는 행복한 하루였다.

첫 부임

어린이는 미래를 꿈꾼다.

내 어릴 적 꿈은 선생님이었다. 소꿉놀이할 때도 항상 선생님이 되었다. 중학교에 들어가서 꿈이 바뀌어 정치가나 외교관이 되고 싶었다. 이승만 대통령 시절 아버지의 이종사촌 형님, 그때에 우리는 큰아버지라 불렀다. 시의원을 지내고 야당인 민주당 국회의원에 출마하셨는데 자유당 말기라 야당 탄압이 아주 심하던 때였다. 형님의 선거운동에 나선 아버지 때문에 우리 집 정미소에 전기를 끊어 버렸다. 어머니는 선거운동을 말리셨지만 듣지 않으셨다. 아버지를 따라 유세장에 갔었다. 그날 야당 국회의원이셨던 박순천 여사의 연설을 듣고 감동받아서 박순천 여사 같은 사람이 되고 싶어 여사의 유세장마다 찾아 다녔다.

그 길을 가려고 특별활동 웅변반에 들어가 교내 웅변대회도 출전하였다. 다방면으로 공부를 해야 될 것 같아 피아노도 배웠다. 여고를 진학하면서 더욱 열심히 공부하여 우등생이 되고 반장도 하며 학생회 활동도 하였다. 그러다 대학진학을 앞두고 부모님은 서울로 여자대학교를 진학하는 것까지 허락하였다. 여자는 국문학과나 가정과에 가서 적당히 공부하고 졸업한 뒤에 좋은 남편 만나서 사는 게 행복이다. 혹시 팔자가 사나우면 선생을 하는 게 최상이라 하셨다. 문과공부를 했으니 국문학과로 진학하였다.

대학 4학년 때에 기숙사를 나와서 아버지의 지인인 손녀의 가정교사가 되었다. 그 당시에 문화방송국 총무국장이신 손녀의 아버지는 내 목소리가 좋다며 표준말 공부를 하여 성우가 될 것을 권하였고 식구들에게 "사투리를 쓰면 벌금을 받아라."하면서 훈련시켰지만, 표준말 발음이 잘되지 않았다. 사실 성우에 대하여 잘 몰랐고 큰 매력을 느끼지 못했기에 열심히 하지 않았다. 졸업을 앞두고 당시의 부산일보 사장님과 아주 친한 사이이니 소개장을 받아가서 기자가 되기를 권하였다.

아버지에게 기자가 되겠다 하니 못 하게 말렸다. "기자는 남자도 하기 어려운 직업이다. 선생 돈도 경찰 돈도 다 받아 사는 직업이 기자인데 어떻게 여자가 그런 직업을 가지려하느냐."며 교사가 되라 권하였다. 그 시절은 지금과 많이 달랐다.

여고 담임선생님의 추천으로 모교에 국어교사가 되려다 대학원을 졸업한 남자 후보 교사에게 밀려났다. 신문에 새로 창설하는 여자상업학교 교사채용시험 광고를 보고 응시하였다. 그러던 중 4월초에 사립 모 여자중학교에 아버지 친구 분의 추천으로 국어선생으로 부임하였다.

부임 첫날에 2학년 국어 교과서와 출석부를 주며 수업에 들어가라 하였다. 겨우 교실을 찾아 첫 수업에 들어갔다. 한꺼번에 마주치는 단발머리 여중생들의 눈빛에 가슴이 설레었다. 인사를 받고 소개를 간단히 한 뒤에 출석을 불렀다. 70여 명의 학생이 앉아 있는데 60번까지만 명단이 있고 그 뒤 번호의 학생은 명단에 없었다. 나머지 학생들의 이름을 묻고 결석한 번호에 기록을 남겼다. 나의 출결 표시 때문에 미리 알려주지 않았다는 이유로 교무주임이 문책을 받았다. 명단에 없는 학생은 교육청에 등록되지 않은 학생들이다. 그 당시 사립학교와 교육청 사이의 비리 일부다.

교과서를 펴고 책 읽을 학생은 일어나서 읽어보라 하였더니 아무도 일어서지 않았다. 다시 읽을 학생 없느냐 물어도 서로 눈치만 살피니 교실은 침묵만 흘렀다.

"너희들 중학생인데 한글을 못 읽느냐?" 반장에게 물었다. 한자 때문에 못 읽는다 했다. 가르칠 교과서를 한 번도 읽지 않고 들어간 나의 잘못이 컸다. 토를 달지 않은 한자를 그대로 써 놓은 국어 교과서니 못 읽는 게 당연하였다. 그 뒤 국어수업시간은 한자가 나오는 순서대로 우리말 토를 달아 칠판에 적어주는 시간을 많이 할애했다. 학생들이 한 글자를 빠뜨려 적으면 뒤의 토는 모두 밀리니 다른 음이 되어 틀렸다. 기막힌 국어수업시간 현장의 이야기다. 장관이 바뀔 때마다 한자정책은 바뀌었다. 한글과 한자를 병행해 쓸 때도 있었고 한자를 완전히 없애고 한글만 써서 대학을 졸업해도 전혀 한자를 읽지 못하는 세대도 있었다. 한자가 많은 국어는 한자공부를 병행해야 한다고 생각된다.

신출내기 교사가 부임하는데 학교의 사정이나 학생들의 수준을 아무도 이야기 해주지 않았다. 며칠 지나고 동문 선배님이 있어 자세히 학교 사정을 들었다. 모르는 사실이 엄청 많아 놀랐다. 시간강사, 전임강사, 교사의 계급이 있는지 몰랐다. 나는 시간강사였고 정교사는 삼분의 일 정도며 심지어 시간강사가 학급담임까지 수당을 받으며 맡았다.

얼마 후 재단 사무실에서 서류와 교사자격증을 제출하라 하였다. 이화여자대학교에서는 사범대학 이외엔 교직과목 이수를 하지 않았다.

박정희 대통령이 취임하고 우리는 처음 전국 대학수학능력고사 입시를 치렀다. 합격하면 전국 4년제 대학을 성적에 따라 어디든 입학 할 수 있는 자격이 주어졌다. 그해 졸업을 앞둔 대학생은 학사고시를 치르고 학사증을 받았다. 그 전까지 4년제 대학을 졸업하면 교직과목 이수에 상관없이 모두에게 중등 준교사 자격증이 주어졌다. 그 제도가 우리가 졸업하는 해부터 중등 검정고시 합격자에게만 주었으니 나는 교사자격증이 없었다. 교사자격증 제도가 있는지도 몰랐던 나도 세상물정을 모르는 참 바보였다. 재단에서 그런 사실을 모르고 당연히 있을 것을 전제하고 부임시킨 것 같았다. 재단 사무장이 운전면허증이 없는 운전사가 어찌 운전을 하겠느냐는 핀잔을 주었다. 자존심이 상하고 무척 당황되었다. 자격증까지 없으니 정교사 되기는 아예 틀렸다. 출근을 하여도 재미가 없었다. 수업은 일주일에 24시간 외에 과외 수업도 시켰다. 참 옛날 옛적 이야기다.

한 달이 지날 쯤에 교사채용고시에 응시했던 재단에서 연락이 왔다. 교장선생님과 면담을 하였다. 교사자격증이 없어도 전임교사로 채용해준다는 약속을 받았다.

1966년 5월 1일부터 배정중학교 교사로 첫 부임을 하였다. 교무실은 중·고등학교가 함께 있었다. 50명의 선생님이 계시는 교무실은 엄청 넓고 담배연기가 자욱했는데 담배 피우는 것이 건강에 안 좋다는 인식이 없던 때였다. 여선생님은 나하고 셋이었다. 야간 중·고등학교가 있어 어쩌다 보충수업에 들어가면 학생들 중에 나보다 나이가 많은 학생도 있었다.

일 년이 지나고 교감선생님께서 중등교사검정고시가 있으니 도전해보라며 응시요강을 주셨다. 초등학교 교사들이 중등학교로 옮길 때 보는 시험이고 자신도 검정고시자격 출신이라 하였다.

고시과목은 전공과목과 교육학 두 과목이었다. 2년에 걸쳐 시험을 볼 수 있어 한 과목에 합격하면 다음 해에 불합격한 과목에 응시할 수 있다. 이왕 교사생활을 하려면 자격증이 있어야 떳떳하겠기에 응시하기로 결심하였다. 전공은 꼭 합격해야 체면이 설 것 같아 열심히 공부하였다.

시험을 일주일 앞두고 교육대학을 졸업한 친구에게 교육학 책을 빌려 달라 하였더니 교육학개론에서부터 여러 권의 책을 가져왔다. 시간이 없어 다 볼 수 없으니 교육학개론의 색인을 보고 중요하다 느끼는 대목을 보며 차근차근 읽어보았다. 교육학은 아예 불합격할 생각이었으니….

검정고시공부를 한다는 소문이 돌자 몇 분 선생님이 아가씨 선생이 어려운 고시공부는 왜 하느냐며 불합격할 확률이 높으니 적당히 근무하다 좋은 신랑감 만나 결혼하기를 권하였다. 그 시절 사립학교 여교사는 결혼을 하면 사표를 쓰는 것이 불법이 아니고 당연한 시대였다.

응시하는 분들이 교실 두 곳의 고사장을 꽉 메웠다. 열심히 답안지를 작성하여 제출하였다.

두 달쯤 지난 어느 날 출근을 하니 교감 선생님께서 검정고시 전공과 교육학 모두 합격이라며 축하의 박수를 보내었다. 엄청 좋았다.

일차시험에 합격한 사람은 서울대학교 사범대학 부속 중·고등학교에서 현장수업을 하는 2차 시험이 있었다. 2차 시험까지 무난히 합격한 뒤 중등준교사 고시검정 자격증을 갖춘 선생이 되었다.

얼마 후 교사자격증이 없는 교사를 퇴출하는 법령이 발표되어 자격증 없는 선생님은 모두 떠나야 했다. 함께 근무하던 교사의 반 이상이 무자격증 교사였다는 것을 그때 알았다. 좋은 선생님이 많았는데 마음이 아팠다.

돌이켜보면 나에게 선생이 아닌 다른 직업을 아주 쉽게 가질 수 있는 기회가 두 번 있었다. 만약 부모님의 말씀을 거역해서라도 나의 길로 갔었다면 어떤 인생을 살았을까를 생각해본다. 자신의 노력과 마음가짐에 따라 운명이 바뀌어 간다. 열심히 표준말 공부를 했으면 나는 어렵지 않게 성우가 되었을 것이다. 여성기자가 귀한 시절에 기자로 활동했으면 문단활동도 활발히 하였을 것이고 희망했던 정치 쪽으로도 한 발 다가가서 사회활동 범위가 지금과 많이 달라 있었을 것 같다는 생각을 해본다. 그래도 첫 꿈이었던 선생님이 되었고 지금도 선생님이라 불러주면 낯설지 않고 기분이 좋다. 개인사정으로 정년퇴임까지 못한 것이 아쉬울 뿐이다.

제2부

우정 씨 카드

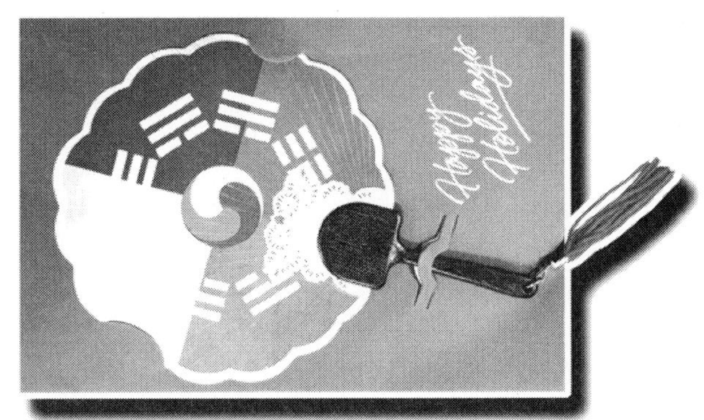

우정 씨 카드

지난 세월은 아쉽고 그립다.

날이 차츰 추워지니 게으름이 절로 난다. 크게 하는 일이 없으니 모임이 있는 날과 운동가는 날은 일찌감치 일어나 외출채비를 서두른다. 어쩌다 한 일주일 쉬지 않고 다니면 꼭 감기몸살을 앓는다. 나이에 장사가 없다더니 면역성이 떨어진 탓인지 마음은 청춘인데 몸이 먼저 알고 매사에 경고장을 보낸다. 책을 읽고 텔레비전을 시청하는 것도 종일하기엔 지루하다. 그냥 이불 속에서 하루를 보내면 내 생애에 다시 올 수 없는 날을 무의미하게 보낸 무력함에 서글퍼진다.

오늘도 별일 없어 늦게 일어났다. 문득 아이들 어린 시절 모습이 보고 싶어 다락의 상자에 모아둔 가족 사진첩을 모두 안방으로 가져왔다. 부피가 두껍고 얇고 크고 작은 사진첩이 여러 권이다. 이 안에 우리 가족사가 모두 그려져 있다. 결혼을 하고 삼 남매를 낳아 기르던 푸른 날들이 파릇파릇 엮인 추억의 덩어리다. 그들이 성장한 어느 날 사진첩 세 권을 장만하여 따로따로 만들어 주었으나 가져가지 않았다. 나의 정성을 몰라주는 게 조금 서운했지만, 오늘 같은 날 볼 수 있으니 좋다.

여름에 물놀이 하다 찍은 어린 딸의 어설픈 모양새를 한 귀여운 사진을 본다. 남편은 잔디밭에 밑바닥이 빨간색, 둘레는 흰색인 타원형의 PVC로 만든 큰 보트에 물을 가득 채우고 비치파라솔과 의자를 놓아 미니 수영장을 만들어 주었다. 요즈음 래프팅 스포츠에나 사용할 최신형 그 큰 보트를 어떻게 구해 왔을까. 맞벌이 부부였기에 아빠로서 아이들을 위해 최선을 다하였던, 그때는 몰랐던 자상함을 새삼 느낀다. 집 마당에 그네도 있어 아이들 동네 친구들이 뛰어 노는 왁자지껄한 놀이터도 되었다. 그때 입힌 옷과 신발을 보면서 이런 것을 사서 입히고 이곳으로 가족 소풍을 갔었구나. 친하게 지내던 학부모들의 안부가 궁금해지고 보고 싶다. 까맣게 잊고 지낸 날들이 맑은 샘물로 퐁퐁 솟아나니 시간 가는 줄 모르고 빠져들었다.

사진첩에 빨간색의 제법 큰 카드가 들어 있는 사각봉투가 수줍은 색시처럼 붉은 얼굴로 앉아 있다. 겉봉투에 '민수 어머님께' 라고 쓴 글씨체가 낯설지 않다. 처음 보는 봉투다. 의아해하며 겉봉을 열어보니 역시 다홍색인 붉은 카드다. 둘레를 꽃잎 모양의 곡선으로 금박을 입히고 한가운데 빨강 파랑 노랑 삼색의 태극무늬를 그려서 금박으로 괘를 새긴 부채를 끼워 넣었다. 손잡이에는 수실까지 달려 있어 고급스러운 값이 비싸 보이는 카드를 조심스럽게 열어 보았다.

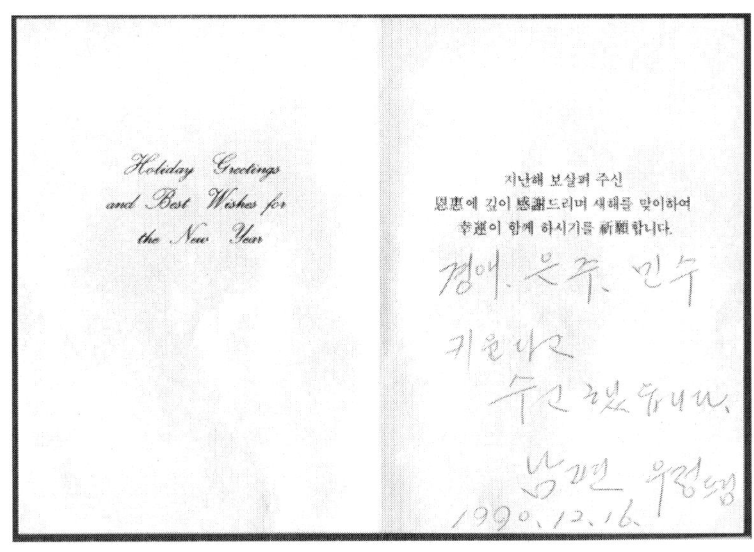

Holiday Greetings
and Best Wishes for
the New Year

지난해 보살펴 주신
恩惠에 깊이 感謝드리며 새해를 맞이하여
幸運이 함께 하시기를 祈願합니다.

경애. 은주. 민수
키운다고
수고 했습니다.
남편
1990. 12. 16.

무어라 표현할 수 없는 생각에 젖어 들었다. 손이 떨리고 가슴이 아파져 왔다. 1990년 12월이면 딸들의 대학입학시험이 끝나고 아들이 중학교에 입학준비를 하려던 해다. 큰애가 처음 입학한 대학교에 학과가 맞지 않아 재수하여 작은애와 함께 대입을 치렀다. 둘 다 소원했던 학과와 학교에 입학하여 친척들과 이웃의 축하와 부러움을 받았던 기억이 새롭다. 대입 치르는 날 서울로 가는 큰애는 남편이 함께 가고 작은딸은 부산의대에 시험을 봐서 막내인 아들과 내가 시험장에 데려다주었다.

친정 어머니께 우리 칠 남매를 기르시며 제일 기뻤던 때가 언제였는지 여쭈어보았더니 중학교 고등학교 대학교 입학시험 합격하였다는 소식이었다 하셨다. 나도 그렇다. 자식 기르는 심정은 시대가 변하여도 한곳으로 흐르는가 보다. 그때 가정형편이 어려워도 상관되지 않았다. 남편도 그랬나 보다. 정성으로 마련한 카드를 어째 나에게 바로 주지 않았을까, 그때 받았다면 내가 기억하고 있을 터인데. 고맙다는 인사라도 했을 텐데, 왜 그냥 사진첩에 넣어두었을까. 깜짝 놀라게 하려던 것이 내가 읽고도 그냥 모르는 체한다고 생각하며 자존심이 상하여 그대로 넘어 가버린 것일까. 그래도 "내가 준 카드 못 보았나?" 물어 볼 것이지.

우리 부부는 집안의 중매로 만나 스무이틀 만에 결혼하였다. 지금 생각하면 생면부지의 사람과 그렇게 빨리 결혼하였는지 모르겠다. 40여 년을 살면서 별로 헤어져 지낸 적이 없다. 1970년대 회사에서 새마을 교육을 받으려 일주일간 갔었다. 그때 결혼하여 처음으로 그의 편지를 받아 보았는데 그냥 적당히 쓴 안부편지였다. 지금 보고 있는 이 카드가 그의 첫 연서이며 마지막 편지다.

5월에 결혼식을 하고 나의 생일 달이라 신행을 하면 나쁘다는 시아버님의 엄명에 신혼여행을 하고 온 뒤 시댁으로 가지 못하고 해가 바뀔 때까지 친정에서 지냈다. 유교 집안이고 퇴근하면 사랑채를 거쳐서 아버지께 인사를 드리고 안채로 가야 하니 장가갔다고 처가에 자주 드나들면 흉이 된다며 자주 들르지 못할 것이라 하였다.

어느 날 퇴근을 하고 친정으로 와서 저녁을 먹고 산책하러 나갔다. 여름철 해가 어둑어둑 지고 난 뒤 시원한 바람을 맞으며 손을 잡고 연애하듯 걸었다. 요즈음처럼 교통이 혼잡한 시대가 아니라 거리는 한산하고 은은한 달빛을 맞으며 걷는 낭만적인 데이트였다.

남편은 온천천 다리 앞에서 갑자기 내 손을 놓고 혼자 달려가더니 건너편에 서서 기다리는 게 아닌가. 그의 돌발적인 행동에 어리둥절했지만, 애써 천천히 건넜으나 무섭고 혼란스러웠다. 별로 사귀지 않았고 결혼식 후 바로 헤어져 지냈으니 만남은 항상 긴장되고 서먹하였다.

"왜 혼자 뛰어갔느냐?" 물어보았다. "다리 반대편에서 사람들이 우리를 보고 있는 것 같아 손잡고 걷는 것이 부끄러웠다"하여 너무 어이가 없어 할 말을 잃었다. 처녀, 총각도 아니고 분명히 결혼식을 올린 신혼부부가 손잡고 데이트하는 것이 어찌 부끄러운 일인지. 그 뒤에 자잘한 우리의 관계는 책으로 이야기로 듣던 신혼생활과 너무 멀어 평생을 이대로 살 수 있을까 하는 갈등이 마음의 회오리바람을 일게 했다.

그해 동지가 가까운 날 200년이 넘은 가풍이 옛날 그대로인 종가인 고가에서 신행식을 올리고 6개월간의 시집살이를 하였다. 유교가풍이 익숙한 가정에서 성장한 남편의 행동을 그제야 조금은 이해할 수 있었다.

정성으로 쓴 카드를 왜 선뜻 내어놓지 못했던 것일까. 다른 사람들이 볼까 봐 손을 놓고 혼자 뛰어가서 기다리던 때의 부끄러워하던 마음이 그대로 남아 있었을까. 애교도 살가움도 없이 자존심만 강한 무뚝뚝한 내가 그를 더 위축하게 했던 것일까. 카드를 쓴 지 25년이 되고 벽 액자에 앉아 묵묵히 내려다보는 세월이 7년에 접어드는 지금에 받아보니 정말 미안하다. 서로의 사랑하는 감정을 제대로 표현하지 못하고 살아온 세월이 아쉽다.

지인 중에 집안의 심한 반대에도 일 년을 하루도 빠지지 않는 연애 편지의 정성에 감동하여 결혼한 부부가 있었다. 살면서 남편의 잦은 사업 실패로 어려움을 겪었다. 그럴 때마다 남편이 미워도 그 편지의 진심을 생각하고 견딘다는 이야기를 가끔 들려주었다. 그 부부처럼 애틋한 연애사연도 없이 결혼한 우리는 무엇으로 미운 정 고운 정을 엮으며 살아왔는지 되돌아보았다.

며칠 전에 EBS 교육방송에서 하는 미국 영화 '매디슨 카운티의 다리'를 보았다. 1965년 배경의 영화다.

4일간 남편과 아이들이 박람회 참관을 위해 집을 비운다. 결혼 15년이 된 평범한 시골의 가정주부 프란체스카는 길을 잃은 직업사진작가 로버트 킨케이드를 안내하다 자연스레 사랑에 빠지고 열렬히 사랑하게 되었다. 가족들이 돌아올 때쯤 "이렇게 확실한 느낌은 일생에 단 한 번뿐인 사랑이다." 하며 함께 떠날 것을 제의하지만, 가족을 지키기 위하여 프란체스카는 눈물로 헤어진다.

창밖에 장대비가 쏟아지는데 따라가고 싶어도 자동차의 문고리를 잡고 울면서 격한 감정을 참아내는 장면에 가슴이 시렸다. 가족과 가정을 지킨다는 것은 사람의 도리이고 모성의 위대한 승리이기에 박수를 보냈지만, 가슴에 묻힌 진한 사랑은 언제나 슬픔으로 남는다.

프란체스카는 세상을 떠나기 전 아리고 아름다웠던 사랑을 한 권의 책으로 남기며 화장한 자신의 뼛가루를 킨케이드와 처음 만났던 매디슨 카운티의 다리에 뿌려 달라 적었다. 남매는 아버지를 배신한 어머니의 불륜이라며 반대하다 유언대로 뼛가루를 뿌려준다. 다리 위로 훨훨 자유롭게 바람에 춤을 추며 날아가는 영상을 보며 가슴이 쪼그라드는 짠함에 눈물이 흘렀다. 처음 보는 영화가 아닌데 남편의 '우정 드림' 카드를 받고 보는 영화는 다르게 마음에 새겨졌다.

수많은 명작의 주제는 사랑이다. 해피엔딩으로 끝나는 사랑보다 비극으로 맺는 사랑이 더욱 간절할 때가 있다. 사람이 한평생 살면서 아프지만, 진한 사랑을 품으며 사는 것도 때론 행복해 보인다. 우리 부부는 서로 물 흐르듯이 평범하게 살았다. 행복이 무엇인지 우리가 보내는 하루하루는 두 번 만날 수 없는 소중하고 귀한 날이라는 것을 모른 채 허겁지겁 살아온 세월에 미안하다. 지금도 귀하디 귀한 하루를 그냥 보내고 있는 건 아닌지 모를 때가 많다.

만약 저세상에서 남편을 다시 만난다면 뜨거운 연애를 하다 결혼하고 싶다. 한 번뿐인 인생의 그림을 빛나고 아름답게 그리고 싶다. '우정 드림'의 붉은 카드를 소중하게 간직하고 생전의 남편을 보듯 어루만지며 다시 만날 답장을 띄운다.

어머니 마음

아버지보다 일곱 살 아래인 어머니는 97세에 요양병원에서 돌아가셨다. 아버지가 97세에 돌아가셨으니 72년을 해로하셨다. 아무리 연세가 있으셔도 두 분이 사시면 외롭지 않으신 것 같아 자식들은 걱정을 덜하게 된다.

아버지는 1월에, 남편은 10월에, 같은 해에 세상을 떠나셨다. 남편의 장례를 치르고 사위의 연수로 영국에 있는 맏딸에게 있다 오니 91세인 어머니가 혼자 계셔서 모시고 왔다.

항상 청결한 분이어서 먼지 닦는 종이를 씌운 막대걸레로 아침이면 거실 마루를 닦으셨다. 그날은 마루를 닦다 슬그머니 쓰러지셨다. 나를 쳐다보고 가만히 있어서 "엄마, 일어나지지 않아요?" 하고 안아서 소파에 앉히고 외출 준비를 하였다. 남동생에게 전화하여 "엄마가 거실에서 넘어졌는데 별로 아프다고 하시지 않지만, 가만히 계신다. 내가 꼭 외출할 일이 있어 그러니 집으로 와서 좀 보살펴 봐라." 부탁

하고 나갔다가 저녁에 돌아오니 낮에 온 동생은 가고 다른 동생이 와 있었다. 많이 편찮아 하신 것 같다 하였다. 여간 아파도 우리들이 걱정할까 봐 참으시는 분이다. 그런 걸 모르고 그냥 괜찮으시겠지 한게 엄마를 얼마나 아프게 하였을까, 지금 생각해도 그날 내가 너무 잘못한 것 같다. 90노인의 뼈는 조금만 다쳐도 우리가 생각하는 것 이상으로 부서진다는 것을 왜 몰랐을까, 그때부터 어머니는 수술을 하여도 걸을 수 없었다. 병원 침대에서 또 요양병원에서 보내다 돌아가셨다.

연세가 있으시니 오래 못 살 것이라는 의사선생님의 말씀을 듣고 형제들이 쉽게 방문할 수 있는 요양병원에 모셨다. 형제가 많으니 일주일에 한 번씩만 다녀가도 어머니가 외롭지 않으리라 여기며 그게 효도라 생각했다. 그게 아니었다. 어떤 일이 있어도 일주일에 한 번은 어머니를 뵈러가기로 마음먹었지만, 직장에 다니는 것도 아닌데, 매일 나갈 일이 생겼고 어머니에게는 잠깐 틈을 내어 들렀다. 사실 어머니와 마주 앉으면 공유할 이야기가 별로 없었다.

"엄마 안 아파요? 밥은 잘 잡숫고?"하면 엄마는 "나는 괜찮다. 여기 간호사들이 너무 잘 챙겨 준다. 기저귀도 잘 갈아주고 목욕도 깨끗이 시켜주고 누가 이렇게 잘 해 주겠노, 아무 걱정 말고 너희나 건강하게 잘 다녀라." 항상 밝은 얼굴로 말씀하셨기에 우리는 그런 줄만 알았다.

한 번씩 "너거 아버지가 꿈에도 안 보인다. 보이면 따라가면 좋을낀데." 하셨다. 아버지를 그리워하며 정 없이 살지 않았는데 꿈에도 안 보인다는 말씀을 여러 번 하셨다. 그러다 나를 보고 "김서방도 갔는데, 내가 주책이다."하시며 웃으셨다.

요양병원에 계시는 세월이 제법 흐른 뒤 어느 날 들렀더니 간병사가 어머니가 큰 소리로 "여기가 어디고 경로당이제, 내가 경로당에 있을라고 칠 남매 사각모 씌웠나."하시면서 야단을 하다가 우리가 오면 괜찮다고 하시고 "우리나라가 어째 이런 좋은 시설을 하여 우리 같은 쓸모없는 늙은이를 잘 모시노." 하며 반기신단다. 어머니의 진심은 공들여 키운 자식들이 집에 모시지 않는 것이 서운하여 원망하신다는 것을 알았지만, 바로 모셔 올 수 없었다. 그래서 "거짓말쟁이들"이라는 시 한 편을 썼다.

예쁜 엄마는 시들은 꽃잎
삭정이로 저승 잠에 빠져 있다
내가 저 침상에 누워 있다면
엄마는 매일 나를 보러 올 텐데
겨우 일주일에 한 번 그것도 선심인 양
한주일 몫 다 한 것 같은 안도감

요양병원 침상이 온 우주가 된 아흔 여섯 살 엄마는
어떤 날은
"여기가 너무 좋다 내가 대환영을 받고 있다
기저귀도 깨끗이 갈아주고 여기 아줌마들 어느 소자가 이리하겠소"
함박꽃 웃음으로 환하고 밝다

어떤 날은
“여기가 경로당이제,
내가 늙어 경로당에 있을라고 칠 남매 사각모 씌웠나”
꽃잎은 마침내 가슴에 숨겼던 속내로 피울음을 토한다

“니 아버지 만나면 꼭 따라갈 낀데, 꿈에도 보이지 않는다”
엄마는 매일 매일 아버지 만날 꿈을 꾸는데
이별만 학수고대하는 우리들
모시지 못하는 핑계만 난무하다
그래도 꽃잎 떨어지는 날, 눈물 쏟고 슬퍼할까

꽃잎처럼 오래 살고 싶지 않다며
좋은 건강식품 챙기는 한심한 거짓말쟁이들

- 졸시 「거짓말쟁이들」 전문

어머니는 내가 대학교 1학년이던 40대 때에 할머니의 49재를 지내고 병이 들었다. 방학을 하고 서울서 내려오면 입원해 계셨다. 지방 학생이었던 나는 학기 중에 맛있는 음식을 잔뜩 해서 오시는 친구의 어머니가 무척 부러웠다. 어머니도 나를 보면 “니가 다니는 학교에 가보고 싶다. 졸업식에라도 꼭 가봐야 할 낀데.”하셨지만, 졸업식에는 못 오셔도 졸업하고 내려오니 병석에서 일어나셨다. 그리고 우리 칠 남매를 모두 결혼시키셨다. 어머니의 병환 소문이 얼마나 났던지 결혼식에 오신 하객 중에 식장에 앉으신 어머니를 아버지가 재혼하신 분인가 묻는 분도 있었다.

맏딸이 서울 모교에 입학하여 어머니를 모시고 입학식에 함께 참석하였다. 학교를 돌아보시며 "니가 다녔던 대학이 여기가." 하시며 정말 흐뭇해 하고 기뻐하셨다.

영국 딸에게 가 있을 때 두 여동생이 왔다. 세 자매가 약 보름간 함께 지내면서 영국의 여러 도시와 파리까지 여행하면서 많은 이야기를 나누었다. 내가 결혼하고 신행하지 않고 집에 있을 때에 어머니는 춤추는 교습소에 데려다 주셨다. 그런데 어머니는 두 여동생에게도 결혼을 앞두고 춤 강습소에 보내주셨단다. "너희가 만나는 신랑과 함께 잘 살아가려면 서양 춤도 출 수 있어야 한다." 하시면서, 우리는 엄마가 대단한 분이라며 손뼉을 쳤다. 그렇게 칠 남매를 모두 공들여 교육 시켜 키웠는데, 형제 모두 바쁘다는 구실로 요양병원에 모셨으니 얼마나 서운하셨을까? 어머니는 79세 되는 해에 젊어서 아팠던 병이 재발하여 몹시 고생하시다 일어나셨다. 인명은 재천이라더니 97세 까지 사는 동안 모진 병마를 많이 겪으셨다.

어려웠던 시절을 집안 일으키시는 아버지를 만나서 청상의 홀시어머니와 천하의 효자 아버지 곁에서 숨죽이며 사셨던 어머니, 아버지도 가끔 할머니가 모든 일에 훌륭하신데 어머니와 함께 외출할 때에는 눈치가 보였다 하셨으니 어머니의 일생은 한 많은 여자의 일생이었다. 그래서인지 우리가 결혼할 상대는 사업하는 사람보다 오붓이 가족끼리 월급 받아 편안히 살기를 원하셨다. 어머니를 생각하면 어려웠던 시절에 태어났으나 좋은 부모님을 만나 참 잘살아온 것 같다. 그러나 부모님 은혜에 보답한 게 없어 후회만 남는다. 마음대로 다니시지 못하고 창밖을 멍하니 내려다보시던 어머니는 어떤 마음이었을까 생각하니 미안하고 그립다.

마지막 여름 휴가

오전에 잠깐 외출에서 돌아오니 남편이 짐을 꾸려서 기다리고 있었다. 차 시간이 다 되었으니 빨리 떠나자면서.

"어디로 갈 건데?"

"강원도 양양 죽성 바다"

어제저녁 '6시 내 고장'에 방송한 바다와 시골 마을이 한곳에 있어 여름휴가 보내기에 아주 좋은 곳으로 떠날 계획을 세워 두었단다.

사실 남편은 4년 전 위암 수술을 받고 투병하느라 그동안 여름휴가를 챙길 시간이 없었다. 지난번 정기검진에서 일 년에 한 번만 검진을 받아도 된다는 판정을 받고 마음이 평온해져 결정한 것 같았다.

고속터미널에서 양양 행 버스를 탔다. 섭씨 30도를 웃도는 한여름이다. 창밖으로 스치는 무성한 푸른 숲과 가로수를 따라 지난 4년간 어렵고 애태웠던 날들이 휭휭 지나고 있었다. 모든 것이 고맙고 살아 있음이 행복했다. 잠시 졸은 듯했는데, 벌써 양양 터미널이었다. 휴가객이 배낭을 메고 북적이는 역을 나와서 택시로 죽성 바다마을 앞에 내렸다. 처음 와보는 갯마을은 모래를 뒤집어쓰고 꾀죄죄해 보였다. 해변 집은 슬레이트 지붕에다 지저분했는데 그런데도 하루 방값이 만만찮아 이리저리 둘러보아도 신통한 곳이 없었다.

자세히 알아보지도 않고 왔다고 남편에게 짜증을 부렸다. 마을 이장님과 통화했더니 달려오셨다. 바닷가에서 고속도로 밑으로 난 길을 약 10분만 걸어가면 농어촌 마을에 새로 지은 집이 있으나 조금 멀어 흠이라면서 안내해 주셨다. 주인이 외국 배를 타다 돌아와서 지은 집인데 부인은 온종일 식당에서 일하고 남편은 농사일과 바다 일을 보기에 빈집이나 다름없으니 지내고 싶은 만큼 있어도 된다 하였다.

모래사장을 지나 동해고속도로 아래로 뚫린 길을 지나니 벼가 파랗게 자란 마을이 기울어가는 저녁놀을 받아 아름답고 평화롭게 보였다. 유럽여행의 시골에서 본 듯한 그림처럼 예쁜 집이 논 가운데 있었다. 흔쾌히 계약하였다.

이튿날 새벽 수탉이 홰를 치는 소리에 눈을 떴다. 새벽의 닭 울음소리는 수십 년 전 고향의 어린 시절을 넘나드는 아름다운 추억을 살려주었다. 주인 내외는 이미 외출한 뒤였다. 짙푸른 들판에 밝은 햇살이 내려앉아 상쾌한 아침을 선물하였다. 어제 숙박할 집을 정하지 못했던 우울한 마음이 싹 사라졌다. 가벼운 차림으로 싱그러운 벼들과 푸른 인사를 나누며 바닷가로 나갔다.

드넓은 동해가 한눈에 들어오면서 햇살은 붉은 파도를 반짝이며 찬란하게 넘실거렸다. 고요하고 조용한 모래사장 위로 잔잔한 파도의 음률이 흐른다. 모래사장을 걷는 관광객이 드문드문 보일 뿐 떠들썩했던 어제는 과거로 사라졌다. 어젯밤에 바다로 나갔던 고기잡이배가 들어오는 선창가로 갔다. 팔고 남은 작은 생선과 그물에 딸려온 성게와 대합을 사려니 인심 좋은 선주는 휴가오신 분이냐 묻고는 덤으로 듬뿍 집어주어서 엄청 기분이 좋았다. 돌아와 매운탕도 끓이고 구이도 하였다. 마침 일을 마치고 식사하러 오신 주인 양반과 함께 둘러 앉아 성찬을 하였다. 그날부터 매일 아침에 바다로 나가 갓 잡아온 해산물을 사 와서 요리하여 집 주인과 함께 식사하니 정이 들고 한 식구가 된 듯 지냈다.

열한 시쯤이면 수영도 하고 모래사장 천막에 누워 책도 읽으며 한가로운 여름휴가를 보내었다. 비가 오시는 날은 양양과 주문진 시장을 돌아보고 목욕탕에서 사우나로 가뿐하게 하루를 즐기기도 했다.

스무날 만에 휴가를 끝내기로 하였다. 주인은 아침 식사를 함께하여 고맙고 외롭지 않았다며 자기 차로 여행을 시켜주셨다. 월정사와 상원사를 돌아서 주문진과 휴휴암까지. 설명과 유래를 자세히 들려주셔서 유익한 여행이 되었다. 돌아오는 날은 양양 버스정류장까지 태워 주어서 정말 편안하고 즐겁고 행복한 여름휴가를 보냈다. 선물로 주신 채소와 고추로 강원도의 넉넉한 인심을 한보따리 안고 돌아왔다. 다음해 여름휴가에 꼭 다시 오겠다는 약속을 남기고….

이듬해 늦은 봄에 친구들과 대만 여행을 다녀온 남편이 그만 병석에 누워 일어나지 못하고 10월에 황망히 세상을 떠났다. 장례를 치른 며칠 뒤에 강원도에서 전화가 왔다. 한여름 내내 우리가 오기를 기다렸다면서. 나는 드릴 말씀을 잃어버렸다.

"올해는 고추와 마늘 수확이 너무 좋아서 좀 부쳤습니다. 내년에는 꼭 오셔요." 하시니 가슴이 먹먹하고 울음이 터졌다. 고마운 분들.

"정말 고맙습니다. 그이가 그만 세상을 떠났습니다."

"무슨 말씀이세요?"

"저도 무언지 잘 모르겠습니다."

이렇게 우리 부부 생의 마지막 휴가는 끝나버렸다. 그해 죽성 바다의 여름휴가가 마지막 휴가가 될 줄이야. 한 치 앞을 내다볼 수 없는 인간이기에 우리는 항상 그리워하고 후회하면서 살아가는가 보다.

밥 좀 남기지

하루 세 끼 밥을 먹을 수 있는 삶은 축복이다. 가정경제가 안정되고 체력이 건강하다는 징표이기 때문이다. 밥을 먹고 사는 것은 모두가 하는 일상이니 어렵지 않게 생각할 수 있다. 그러니 "뭐, 밥 못 먹고 살까."를 쉽게 말한다. 나도 그렇게 생각했었다. 남편의 사업을 접어야 하는 어려운 시기가 있었다. 막상 생활이 어려워지니 식구들이 세끼 밥을 안심하고 먹고 산다는 것이 정말 행복의 첫 단추임을 알 수 있었다.

어릴 적 할머니께서는 "음식을 푸대접하면 꼭 보를 받는다." 하시며 밥이 어떻게 우리 입에 들어오는지 일러주시고 음식을 지저분하게 남기면 크게 야단을 치셨다. 어디서든지 밥을 받으면 깨끗하게 다 먹어야 한다고 배웠다.

5월에 결혼식을 올리고 이듬해 1월에 시집에서 신행식을 치렀다. 일가들이 모여 사는 집성촌이었기에 새색시가 왔다고 돌아가면서 저녁밥 초대를 하였다. 신랑은 늦게 퇴근을 하니 혼자서 정성을 들여 깔끔하게 잘 차려주는 밥상을 받았다. 정성 들인 음식이라 그런지 맛이 있어서 밥그릇을 모두 비웠다. 그러던 어느 날 아침 신랑이 출근하면서 오늘도 누구 집에서 당신을 초대한다니 가거든 "밥 좀 남기지…." 하면서 말을 흘렸다. 내가 무엇인가 잘못한 것 같아 어리둥절했다. 얼마의 세월이 흐른 뒤에 들으니 시집온 새색시가 밥을 너무 잘 먹는다는 소문이 나서 신랑이 좀 듣기가 거북하였던 것 같다.

요즈음은 대부분 생략하지만, 신부가 시집으로 신행을 가면 큰상을 차려 주었다. 여자로서 시집에서 받는 최고의 대접이다. 나는 웃각시로 온 형님 되는 분과 안방 아랫목에 앉아 상을 받았다. 커다란 상에 온마리 큰 생선과 고기와 산적, 떡과 과일을 잔뜩 차렸다. 상의 음식은 친정으로 보낸다 하였다. 나는 그런 풍습이 있는지 몰랐다. 내가 앉은 맞은편 방에는 시고모님과 시누이들이 오랜만에 만나 정답게 이야기꽃을 피우고 있었다. 긴장되고 어설픈 자리였다. 신행 오는 준비를 하다 보니 아침밥을 제대로 먹지 않았기에 큰상에 딸려 차려 낸 밥과 국을 남기지 않고 먹었다. 식사를 마치자 장정들이 들어와 상을 들고 나가다가 그중 한 사람이 잘못하여 삐끗하는 통에 내가 먹은 밥그릇이 "땡그렁"하고 굴러 떨어졌다. 떨어진 빈 밥그릇을 본 사람들은 신부가 밥 한 그릇을 다 먹었다고 웃고 난리가 났다고 했다.

맞은 편 방에 앉아있던 시고모님과 시누이들이 수군거리는 듯했어도 밥그릇 비운 이야긴 줄 눈치채지 못했다. 알고 보니 보통은 숟

가락만 들고 밥 먹는 시늉만 하는데 새 각시가 대학을 나오고 중학교 선생을 한다더니 대가 차고 여간내기가 아닐 것이라는 입질에 오를 수밖에….

식량이 귀한 어려운 시절을 살아온 어머니들은 쌀이 없을 때를 대비하여 밥을 지을 때 쌀을 한 숟가락씩 남겨 모아 두었다. 가장인 아버지는 밥을 일부러 남겨서 자식들의 식사가 되게 하였다. 그래서 밥을 조금씩 남기는 것이 미덕이 되었던 것 같다.

요즈음 음식이 너무 풍부하다. TV를 보면 음식물 파는 홈쇼핑 몰이 가득하다. 식당에 가면 손님들이 먹다 남긴 음식은 모두 버린다. 위생상 그렇게 하는 것이 맞아도 아까울 때가 한두 번이 아니다. 상차림은 뷔페식이 위생적이고 음식물 쓰레기도 줄일 수 있어 좋게 생각된다.

우리나라만큼 식당 인심이 좋은 나라는 드물다. 외국에서는 차려 나온 음식 외에 청하면 모두 돈을 지급해야 한다. 우리나라 식당처럼 물 인심, 반찬 인심이 좋은 곳은 없다. 반찬 인심이 좋아서 음식쓰레기가 더 많이 나오는 것은 아닐까 ….

TV프로 세계테마기행에서 남미의 화산 분화구 가까이에서 고약한 냄새를 뿜으며 피어오르는 뜨거운 유황 덩어리를 캐어서 험난한 길을 마다하지 않고 오르내리는 사람들을 보았다. 열대지방에서는 소량의 금을 얻기 위해 좁고 깊고 습한 땅속에서 작업하는 사람들도 있었다. 그들은 모두 하루 세끼 밥을 가족에게 먹이려고 목숨을 담보로 상상할 수 없는 고통을 숙명으로 받아들이며 살고 있었다.

만약 인간이 먹지 않고 살 수 있다면 어떤 사회가 될까. 잠깐 상상해 본다. 좋은 집을 가지기 위하여, 좋은 옷을 입으려고 정말 억척스럽게 일을 하며 돈을 벌려고 노력할까?

우리 가족은 반찬투정 없이 잘 먹었다. 아이들 어린 시절 가족 식사가 끝나면 상 위에는 빈 그릇만 남았다. 밥을 잘 먹어서 그런지 아이들은 예방주사 맞은 것 외에 병원에 간 기억이 별로 없다. 지금도 식구들은 반찬을 가리지 않고 잘 먹는 편이다. 오늘 문득 혼자서 밥 한 그릇을 비우다 먼 옛날이 된 새색시 시절, 신랑이 "밥 좀 남기지…." 하던 말이 생각난다.

미안하다, 경자야

우리는 서로에게 알게 모르게 상처를 주고받으며 살아간다. 일부러 상처를 주려고 한 말이 아니었지만, 내가 쉽게 전한 말 한마디에 누군가가 오랫동안 마음에 깊은 상처를 받았다는 사실을 많은 세월이 흐르고 난 뒤에 알 때도 있다. 그러면 정말 안타깝고 미안하고 부끄러워진다.

'부여'하면 기차를 놓쳐서 고등학교 수학여행을 못 갔던 기억이 수십 년 흐른 지금도 나를 붙들어 앉힌다. 아마 봄 문학기행이 '부여'이어서 꼭 참가하기로 한 이유가 되었는지 모르겠다.

부여의 백마강 강둑은 활짝 핀 눈부신 벚꽃 길이었다. 출발할 때에 봄비가 추적추적 내렸는데 도착하니 날이 개였다. 부산의 벚꽃은 이미 떠나버렸는데, 백마강 강변의 벚꽃은 미치도록 살랑거린다. 살랑대는 환한 세상이 눈물겹도록 아름답다. 마음이 탁 트인 아름다운 봄의 정취에 취하다가 문득 꽃바람을 타고 경자가 달려왔다. 감성이 한

창 풍부했을 나이에 계모에게 학대 받으면서 얼마나 원망하고 미워했을까 나는 아무것도 모르고 지냈는데….

여고를 졸업하고 중년의 초입으로 접어들어서야 서울과 부산의 중간지점인 대전 유성호텔에서 1박 2일의 동기회를 가질 수 있었다. 졸업 후 10여 년 넘게 만나지 못했던 반가운 얼굴이 모였으니 이야기꽃과 웃음꽃이 지나간 세월의 파도를 타고 방 안을 넘실거렸다. 그때에 경자가 내 곁으로 와서 손을 잡으며 반갑다는 인사를 한다. 졸업 후 처음 만났다. 반갑다는 내색은 잠깐이고 뜬금없이 2학년 수학여행 못 갔던 이야기를 큰소리로 떠벌리며 방 안 친구들의 기선을 잡았다.

2학년 때 같은 반이었던 경자와 나는 부여로 가는 수학여행에 기차를 놓쳐 가지 못했던 별난 추억을 가지고 있었다. 우리 집은 동래 온천장이었는데 1960년이었으니 교통편이 지금처럼 많지 않아 부산역까지는 엄청 먼 거리였다. 부산역 안은 처음 들어가 보는 시골뜨기였다. 서울까지 밤기차로 12시간이 걸렸던 시절이다.

간신히 기차역에 도착하여 헐레벌떡 역사 안으로 뛰어 들어가니 저만치서 기차가 천천히 움직이며 떠나고 있었다. 기다리던 친구들이 아쉬운 듯 손을 흔들어 보였다. 황당하여 멍하니 떠나는 기차를 바라보고 서 있었다. 어쩔 줄 몰라 멍청하게 서 있는데, 누가 나를 불렀다. 김경자이었는데 지각을 자주하여 별명이 지각대장이었다. 속으로 '니 또 지각했네.' 하면서도 동지가 생겨서 반가웠다. 둘이서 여러 궁리를 해보았으나 별다른 대안이 없어 헤어져 각자 집으로 돌아

갔다.

어려운 시절이었던 때라 여행비가 없어 참가하지 못하는 학생이 제법 있었다. 학교에서는 여행 가지 못한 학생들에게 등교하여 반나절 수업을 받게 하였다. 등교를 하니 수업을 맡으신 선생님께서 나를 보고 깜짝 놀라셨다. 나는 모범생이며 반장이었다. 김경자는 출석하지 않았다. 선생님께 우리 반 김경자도 기차를 놓쳐서 못 갔는데 왜 등교하지 않은지 모르겠다고 했다. 그리고 난 뒤 경자에게 무슨 일이 있었는지 몰랐고 세월은 흘렀다. 졸업 후 나와 처음 만나는 자리였다.

경자는 큰 소리로 그때에 설움 받았던 콩쥐 이야기를 털어 놓았다. 어머니가 계모였고 아침에 동생들 뒷바라지며 집안일을 하고 등교를 하면 항상 지각을 하였단다. 겨우 허락을 받은 수학여행을 못 가게 되었으니 집으로 돌아가기 싫어서 대구에 있는 결혼한 언니네로 가서 지내고 여행에서 돌아오는 날에 맞추어서 집에 들어갔는데 나 때문에 들통이 나서 꾸지람만이 아니라 매까지 맞았다고 했다. 나는 정말 경자에 대하여 아무것도 몰랐고 알려고 하지도 않았는데, 이야기를 듣고 보니 정말 미안하고 지각대장이 될 수밖에 없었던 사실을 비로소 이해하였지만, 달리 해줄 게 없었다.

그 뒤로 부여로의 여행은 쉽게 가지지 않았다. 부산에서 신라의 유적지 경주는 자주 갈 수 있어도 부여로 가는 길은 멀었다. 여러 해 전 사찰 모임에서 부여 여행을 처음하고 오늘이 두 번째다. 그때에 백제의 마지막 임금인 의자왕의 삼천 궁녀가 적군에게 몸을 더럽히지 않으려고 몸을 날렸다는 전설의 바위 낙화암을 오르고 바닷가에 위치한 사찰 고란사를 찾았다. 나의 눈에 선인장과에 속해 보였으나 고사리과에 속하는 은빛 잎사귀를 한 고란초도 만져볼 수 있었다. 백마강의 나룻배도 탔다. 그리고 오늘 백마강 유람선을 승선한다. 유행가 백마강 노래를 크게 틀어 주니 모두 따라 부른다. 고란사에 내리니 4월 초파일 석가탄신일 연등이 찬란한 색깔로 하늘을 덮고 있다. 고란사 뒤편 낭떠러지의 바위틈에서 고란초는 보이지 않고 겨우 표지만 볼 수 있었다. 자연환경의 훼손으로 고란초가 사라져가고 있단다.

일천 년이 지난 지금 백제의 옛 성터 공주의 공산성은 잘 복원되어 있었다. 박물관에서 유물을 관람하며 찬란했던 백제문화와 그 시대를 느끼고 무열왕릉 안의 벽돌을 쌓아 만든 넓은 돌무덤 방에서 전생과 후생을 넘나들었던 백제인의 삶을 조금 엿볼 수 있었다.

돌아오는 차 안에서 백제의 찬란했던 유적과 문화보다 경자를 생각한다. 그 친구도 부여라는 말만 들으면 기차를 놓쳐 못 갔던 수학여행을 생각하고 아직 나를 원망할까! 아니면 그때의 아픈 기억을 추억의 한 토막으로 생각할까. 아픈 상처를 받은 너의 얼굴이 백마강 강둑에 활짝 핀 벚꽃으로 피어 있구나. 그때는 철없던 때라 "미안하다 경자야." 하지 못한 이야기를 꼭 해주고 싶다.

아들과 스키

토요일 오후 아들이 평시보다 일찍 퇴근하였다.

“아들 오늘 어찌 일찍 오네, 무슨 일 있어?” 아무 말 없이 아니라고 고개만 가로저어 대답한다.

“저녁은 어째 차릴까?” 하면 머리를 끄떡이며 밥을 먹겠다고 한다.

결혼적령기를 훨씬 넘긴 아들과 대화할 화제가 없다. 어릴 때는 그렇지 않았는데 눈치만 살핀다. 방문을 닫고 들어가면 고요와 적막만 흐른다. 거실에서 혼자 TV를 시청하다 자정이 지나고 방으로 들어가는데 아들이 외출 준비를 하고 나왔다.

“니 어디 가려고?” 또 고개를 끄떡이며 수긍을 한다. 준비하는 걸 보니 새벽차를 이용하여 스키장에 갈 채비다. 마음이 철렁하고 저절로 놀라진다.

“스키장에 가려고?” 또 고개를 끄떡이며 그렇다고 답한다.

“그렇게 혼이 나고 또 스키 타려고, 팔은 괜찮고?” 하고 말문을 닫았다. 남편 같으면 못 가도록 잔소리라도 할 수 있는데 장성한 아들에게는 그렇게 되지 않는다.

작년 이맘 때였다. 아들이 스키장에 숙소를 얻어놓고 쉬는 날 스키를 타겠다며 집엔 자주 들르지 못할 것이라 했다. 평소에 자기가 할 일을 알아서 하고 다니기에 그러려니 하고 걱정하거나 기다리지 않았다. 음력설을 며칠 앞둔 어느 날 그것도 자정을 막 넘기려는 시간에 아들이 전화를 했다.

“지금 부산 내려 갈 겁니다. 스키 타다가 조금 다쳤습니다.” 하는 음성이 평소보다 조금 다르게 들렸다.

“왜 지금 어디고 강원도가?” 물으니 그렇다며 원주 세브란스병원인데 일요일 저녁이라 수술할 의사가 없어 부산으로 내려가니 대학병원 의사인 누나에게 연락해 달라며 전화를 끊었다. 자세히 알려고 전화를 걸어도 받지 않는다. 딸은 일본으로 학회에 가고 없다. 조금 있으니 낯선 남자에게서 전화가 걸려왔다. 아들의 이름을 대면서 지금 병원구급차로 환자를 데리고 부산으로 출발하니 차비 60만원을 서둘러 입금하라 하였다. 아들을 바꾸어 달랐더니 전화를 받을 수 없을 만큼 아파서 안 된다는 것이다. 그 순간 손이 떨리고 가슴이 두근거려 어떻게 해야 할지 마음이 안정되지 않았다. 구급차 기사에게 전화를 하니 입금을 기다리고 있단다. 도대체 얼마나 다쳤기에 전화도 받지 못할 정돈지 가늠이 되지 않아 차비는 생각지 말고 내려오면 바로 드릴 것이니 서둘러 부산대학병원으로 오라 일렀다. 4시간에서 5시간쯤 후에 병원 앞에서 만날 것을 약속하였다.

모두 잠든 시간이라 누구와 안타까운 마음을 나눌 사람도 없다. 얼마나 크게 다쳤으면 원주 세브란스병원도 대학병원인데 수술이 되지 않는다는 걸까, 스키는 위험한 운동이다. 혹시 목뼈나 척추뼈를 다쳤다면 치명적이다. 전신마비가 되면 평생 누워 있어야 하는 장애인이 될 것을 생각하는 순간 아찔하고 소름이 끼쳤다. 이런저런 방정맞은 생각이 자꾸만 머리를 떠나지 않았다. 기다리는 네다섯 시간이 바로 지옥의 시간이었다. 그때의 참혹한 심정을 아들이 이해할 수 있을까! 몇십 년의 시간보다 더 많은 흐름의 시간을 지금 글로써 표현할 수 없다.

구급차에서 내리는 아들은 침대에 똑바로 누워 꼼짝도 않는다. 팔 한쪽이 완전히 굽어져 배위에 힘없이 올려 있고 윗몸 전체가 하얀 붕대로 칭칭 감겨져 있었다. 의식도 없는 것 같았다. 정말 참담하다는 말이 이럴 때 쓰는 표현이리라. 마음을 가다듬고 기사에게 물으니 어깨 팔뼈에 심한 상처를 입었으나 척추와 목뼈에는 이상이 없다 하였다. 그 순간 너무 고맙고 마음이 놓여 "부처님 감사합니다. 감사합니다. 그래도 불행 중 다행입니다."를 외우며 고맙다는 기도를 얼마나 올렸는지….

긴 시간 수술을 하였다. 어깨뼈가 너무 많이 손상되어 수술이 아주 어려웠다. 환자가 젊어서 실험적으로 그냥 수술을 하였지, 잘못되면 인공관절로 재수술을 해야 되고 그리되면 나아도 어깨 쓰기가 힘들 것이니 조심조심 할 것을 당부하였다. 6개월이 지나고 조금씩 붕대를 풀어가며 팔운동을 하였다. 약사인지라 뼈에 좋은 음식과 장비와

약을 찾아 보충하며 잘 견뎌 주었다. 그렇게 일 년이 지나고 이제 겨우 운전도 하고 조금 자유롭게 팔을 쓰는데 또 스키장에 간다니 할 말이 없다. 병문안 오는 동호인들에게서 스키강사 자격을 따려고 열심히 연습했다는 이야기를 들었다. '약사도 전문직인데, 무슨 스키강사까지 하려고' 마음 속으로 생각하면서 장성한 아들의 눈치만 볼 뿐이다.

대학 4년 동안 어학연수 대신 돈도 벌면서 영어공부를 할 수 있다며 미국 워싱톤 주에서 열리는 초등학생들의 여름캠핑 학교의 도우미 시험에 합격하여 해마다 아르바이트를 했다. 그때 매니저가 일을 잘한다며 휴가 때 자기의 집에 데리고 가서 관광도 시켜주고 미국생활과 직업에 관한 이야기를 들려주었다고 했다. 그 매니저는 각각 다른 세 분야의 직업을 가지고 있으면서 풍족하고 즐겁게 생활하고 있었다. 우리나라도 이제 평생직장이 없어지고 셋 이상의 직업을 가져야 될 것 같다는 이야기를 한 적 있었다. 요즈음 사회구조가 조기퇴직이며 사오정이니 하는 말이 사실화되어가니 아들의 말이 맞는 것 같기도 하다. 결혼은 하지 않고 일에 대한 욕심만 내니 걱정이 된다. 사고가 나지 않았으면 자격증을 받았을 것인데, 이번에는 받을 결심을 단단히 한 모양이니 못하라는 말도 할 수 없고 아들의 눈치만 살피며 짐작할 뿐이다.

모든 준비를 갖추어 스키장으로 떠나는 아들에게 가지 말았으면 하는 내 마음은 반쯤만 열고 조심해서 잘 다녀오라며 아무렇지 않은 채 바래주고 무사히 잘 다녀오기를 기도 했다.

동기회 모임에서 한 친구가 남편이 외출하지 않는 날이면 TV 영화 프로 방송을 편당 5, 6천 원씩 내고 보기에 잔소리를 했단다. 그 말에 친구들 몇이 "느그 신랑이 평생을 일하고 열심히 일한 퇴직금으로 생활하면서 영화 몇 편 본다고 잔소리 했느냐?"며 핀잔을 주고 친구 남편을 두둔하는 우리가 늙어서 이제야 철이 들었다며 한바탕 웃었다.

아들이 스키 타러 가는 이야기도 했다. 만약 아들이 결혼해서 가족이 있다면 지금처럼 하고 싶은 취미활동을 못할지도 모른다. 취미생활은 조금 힘들지 모르지만, 결혼해서 정착하였으면 좋겠다.

우린 젊은 시절 남편들의 이야기도 나누었다. 그때는 우리나라가 막 산업화로 옮겨가는 시대여서 먹고 사는 일에 급급하던 시절이라 생활환경이 지금처럼 다양한 스포츠와 취미활동을 할 여건이 못 되었다. 휴일에도 출근하는 일이 다반사였다. 힐링이라는 단어는 아예 몰랐던 시절이니 보통 서민으로 사는 사람에게는 여가를 즐긴다는 생각을 할 수 없었다. 늦게까지 직장 일에 매달리다 퇴근길에 친구들과 한잔 술로 하루의 스트레스를 푸는 게 고작이었겠지만, 술에 취해 들어오는 남편에게 따뜻한 말과 고운 눈길을 주지 못했다.

사람마다 즐겁게 하고 싶은 일을 하며 그 일이 평생의 직업이 된다면 좋으련만 대부분의 직업은 생계의 수단으로 싫어도 해야만 하니 심한 갈등에 시달리게 된다. 삶의 수단으로 어쩔 수 없이 하는 일 외에 재미있고 신이 나서 하는 일이 한가지쯤 있어야 각박한 사회생활에서 숨통이 트이고 활기 찰 것 같다. 여행이나 취미활동으로 재충전을 하고 거기에 따뜻한 가족의 사랑이 더하여지면 사회는 한층 밝게 발전할 것이다.

한 주일간 열심히 일하고 쉬는 날 취미활동으로 여가를 누리는 즐거움이 없다면 어찌 일의 스트레스와 피로를 풀 수 있을까를 생각하니 새벽차를 타고 스키장으로 달려가는 아들을 조금 이해할 수 있게 된다.

아버지 집

오랜 세월이 지나도 꿈 많던 어린 시절은 생생하게 살아있다. 내가 태어난 지금의 금정구 기찰 마을은 아랫동네와 윗동네가 있었다. 인구가 많아져 분구가 되었지만, 그때는 동래구에 속하였고 우리 집은 아랫동네 신작로 가에 있었다.

나의 어린 시절 집은 기찰 마을 뿐 아니라 구서동, 오륜동, 가마실, 공수물, 오시게, 온천장 입구에 이르는 마을에서 제일 크고 최신형으로 지은 양옥이었다. 새집 지을 사람들이 구경 오는 모델이 되었다. 오빠와 나는 그 집을 잘 기억한다. 바로 아래 여동생은 일학년까지 살아 어렴풋하다 하였고 그 아래 형제들은 온천장 입구의 집밖에 모른다. 오랜 세월이 흐른 지금 기찰 마을은 도시로 탈바꿈하여 우리 집터는 위치조차 짐작할 수 없게 되었다.

아버지께서는 일본에서 고생하던 시절에 꿈꾸어 오던 집을 지었던 것 같다. 해방 후 일본 적산 집을 사서 헐고 그 당시 최신식으로 지은 집이었다.

윗채와 아래채가 있는 기와지붕의 양옥이었다. 기와를 올린 큰 대문은 항상 열려 있었다. 윗채로 들어가는 길은 찔레꽃 가지를 칭칭 감아올려 만든 높다란 아치형 문이다. 봄에 찔레꽃이 피기 시작하면 집안은 온통 빨간 꽃 대궐이 되어 꽃과 나비가 찾아들고 정말 아름다웠다.

대문 왼편에 키 큰 오동나무가 있어 그늘을 드리웠다. 가끔 오동나무 가지 너머 높은 담장 위에 엄청 크고 굵은 능구렁이가 수~욱 기어갔다. 어른들에게 말하면 집안의 지킴이라며 가만히 두었다. 그 말이 무슨 뜻인지 몰라도 집안을 지켜주는 영물이라 여겼다. 오동나무는 할머니의 장례식에 관이 되었고, 남은 목재는 뒷날 우리 집 자개장롱이 되었다. 학교로 가는 길의 들판 논둑길을 지나가면 뱀이 "서~읔" 날쌔게 발 앞을 가로질러 갔다. 순간 깜짝 놀라기는 했어도 그냥 그들과 함께 살던 시절이라 어린 우리는 무서워하지도 않았다.

아래채로 내려가는 길옆으로 사철나무와 개나리 울타리를 한 넓은 채소밭이 있었다. 밭에는 감나무와 대추나무 등 여러 그루가 있었다. 동네 아낙네들이 아래채에 있는 우물물을 길어 갔다. 우물가에 창포며 붉은 나리꽃이 피었다. 오월 단오가 되면 우물가에서 창포물에 머리를 감았다. 옆에 서 있는 어린 우리의 머리도 감겨 주었다. 그곳 아래채에는 일꾼들이 살았고 외양간이 있어 가끔 소가 마당에 여물을 먹고 있었다.

윗채의 마당에는 검은 견칫돌을 쌓은 넓은 정원이 있었다. 아래채의 우물에서 보면 견칫돌로 쌓은 축대가 아주 높았다.

정원 화단에는 모란, 함박, 유까, 팔손, 무화과, 라일락, 매화, 목련꽃 나무 외에 이름 있는 정원수는 모두 심어져 있었다. 견칫돌 틈새로 철쭉이며 이름 모를 풀꽃이 철 따라 다른 모습으로 얼굴을 내밀었다. 매화꽃과 노오란 개나리꽃이 피기 시작하는 봄이면 천리향과 라일락꽃의 향긋한 향기가 온 집 안을 넘어 담장 밖까지 풍겼다. 여름이면 달리아, 함박꽃, 모란이 흐드러지게 피고, 가을이면 석류와 대추, 감들이 익어갔다. 겨울에는 동백꽃이 피고 사철 내내 꽃이 피는 꽃동산이었다. 동무들과 들판 길 따라 학교에 가면서 뒤돌아보면 우리 집 담장 너머로 빨갛게 핀 찔레꽃 둥그런 아치형 문이 초록색 정원수와 어우러져 참 아름답게 보였던 기억이 난다.

윗채는 기역자 형이었다. 동쪽 현관 옆방은 다다미방이다. 그 방과 연결된 작은방이 있고 그 안에 아버지와 어머니가 거쳐하는 안방이 있었다. 다다미방과 작은방 사이의 나무로 된 문(일본말로 후시마)을 열면 같은 방이 되었다. 안방의 유리문까지 열면 방 세 곳이 연결되어 넓고 큰 방이 되니 손님이 많이 오실 때 사용하였다.

음력 이월 열 나흗날은 할머니 생신이며 손님들이 제일 많이 오시는 날이다. 후시마 문이 열리고 대청마루와 방마다 음식상이 차려졌다. 왁자지껄하던 할머니의 생신, 음력 이월 열 나흗날을 나는 아직도 기억하고 있다.

남향인 대청 마루방에서 제사를 모셨다. 제사는 자정이 넘어서 지냈으니 기다리다가 그만 잠이 들었다. 수런거리는 소리에 깨어보면

제삿밥을 먹고 있었다. 제사상에 놓인 맛있는 음식이 먹고 싶어 일어나려면 괜히 부끄러웠다. 몸을 이리저리 뒤척이면 어른들이 깨워주었고 못 이긴 척 일어났다.

대청 문은 전통가옥을 짓는 장인이 짠 문이라 하였다. 대청 마루방과 후시마 문으로 연결된 할머니 방을 큰방이라 불렀고, 벽장에는 항상 맛있는 과자나 간식이 있어 우리는 늘 할머니 곁에서 놀았다. 할머니 방문은 안으로 미닫이문이 있고 밖에서 여닫는 문이 있어 이중문이었다. 문살도 아주 튼튼하였다. 큰방 옆에 식당 방이 있고 그 뒤로 넓은 부엌이 있었다. 그때는 부엌을 정지라 했다.

앞마루가 넓어 우리 형제들이 할머니 방과 대청 방문을 열고 두 방을 빙 둘러 술래잡기를 하고 뛰어다니면 "문 닫아라. 장갱(무릎)이 바람난다. 대강 뛰어다니라."고 고함을 치시던 할머니 말씀이 들리는 것 같다. 할머니가 입을 우물거리고 무엇을 잡수시면 달려가서 뱉어 달라고 떼를 썼다.

"애들 앞에서는 입맛도 못 다신다."고 하시며 "아무것도 없다, 봐라." 하시며 입을 벌리고 보여 주며 웃으시던 인정 많은 할머니의 얼굴이 떠오른다. 사촌들이 다니러오면 더욱 신이 나서 뛰놀던 기억이 새록새록 난다.

초등학교 4학년 때 오빠가 동래중학교로 입학하면서 그 집을 온천장 입구로 옮겨와 그대로 복원하였다.

아치형 찔레 문을 세워서 봄이면 붉은 찔레꽃이 아름답게 피었다. 견칫돌을 쌓아 만든 화단에는 사철 꽃이 피었다. 그래도 어릴 적 기찰 마을의 집보다 아름답지 못했다. 아버지 돌아가신 뒤에 그 집은 헐리고 주차장과 상가가 되었다.

어린 시절 살던 마을이 모두 도시가 되어 조금이라도 빈터가 있던 곳은 아파트가 들어섰다. 아파트와 다가구 주택들이 편리하고 관리하기에 좋을지 몰라도 어린 시절 집마다 감나무가 있고 남새밭이 있고 소가 여물을 먹으며 반기던 외양간이 있던 정겨운 풍경이 가끔 그리워진다.

사람은 어려울 때마다 마음의 고향을 품고 그리워하면서 극복하는 힘을 받으며 살아간다. 아버지께서 지으신 안락한 안식처였던 우리 집은 언제나 그리움으로 살아있어 꿈속의 궁전으로 아름다움이 가득한 마음의 고향이고 나의 힘이 되었다.

뿌리

나를 찾아 떠나는 여행은 끝없이 넓고 푸르게 펼쳐 있어 즐겁고 행복하다. 까맣게 잊힌 세월에 나만 아는 세계가 많은 영상으로 남아있는 것이 신기하다. 뿌리를 찾아 떠나는 여정에 부모님이 우뚝 서 계신다.

아버지께서는 경상남도 양산군 남락 부락에서 할아버지 밀양 박朴씨 경景자 록祿자, 할머니 구복순具福順 여사의 삼남 일녀 중 둘째아들로 임자년 1912년 음력 1월 7일에 출생하였다. 성함은 밀양 박朴씨 이二자 봉鳳자이며 9살에 아버지를 여의고 홀어머니의 억척 같은 생활력과 사랑으로 양산보통학교를 졸업하셨다.

아버지가 생활하실 무렵의 우리나라는 일제강점기라 모든 것을 일본에게 수탈당하여 백성들이 도탄에 빠져 살던 어려운 시대였다. 밤낮으로 곳곳에선 화적 떼가 들끓고 날뛰었다. 동네에서 대포라는 별명을 가진 할아버지의 강직하신 성격이 화적 떼와 맞서다 세 번이나 집이 불타버렸다. 울분을 이기시지 못한 할아버지께서 병을 얻어 돌아가시자 홀어머니를 모신 네 남매의 생활은 비참하고 곤란하였다.

할머니께서 점집을 찾아가 물었더니 둘째아들을 잘 키우면 가세를 일으킬 수 있을 것이다 하여 아버지를 학교에 입학 시켰다. 월사금이 어려워 동네 좀 괜찮게 사는 댁에 돈을 빌리러 갔더니 신체 좋고 똑똑한 아들을 머슴으로 보내 세경을 받으면 곤궁한 생활을 벗어날 것인데, 왜 공부를 시키려하느냐는 핀잔만 듣고 돌아왔다. 너무 슬퍼서 억척스레 아버지를 학교에 보내셨단다. 아버지의 몇 촌 형님이 경남 밀양군 철도역 앞에서 대동여관을 하셨다. 그 형님이 그 당시 귀한 운동화를 사 주셔서 너무 좋아 아끼느라 벗어 들고 다녔다는 이야기를 들려주셨다. 내가 어렸을 때에 그 큰 아버지 내외분이 가끔 오셨다. 고려대학교를 졸업한 며느리를 보실 때 밀양을 다녀오신 할머니는 내가 서울로 대학진학을 하려니 고려대학을 가라 권하셨다.

아버지의 생활지표는 기울어진 가세를 일으켜 세우고 어머니와 형제들 잘 살게 하는 것이었다.

보통학교를 졸업하고 현해탄을 건너 시모노세끼 항구를 거처 규수로 가서 어느 노동판에 일자리를 구하였다. 밤마다 일을 마친 조선 청년들이 술자리와 도박판을 벌리고 싸우는 것을 보고 내가 있을 자리가 아니라 깨닫고 미련 없이 그곳을 떠났다. 고향 학교 선배의 도움을 받아 규슈의 한 농장에서 고국에 두고 온 어머니와 형제자매의 삶을 윤택하게 하리라는 일념으로 부지런히 원예기술을 익히고 열심히 공부를 하였다. 농장주인은 착실한 조선청년이 그곳에 정착하길

바랐으나 마다하고 마침내 그리운 형제자매 곁으로 오셨다. 형제와 힘을 합쳐 밤낮을 가리지 않고 가산을 일으키는데 몰두하셨다.

그 당시 늦은 나이 스물다섯 살에 양산 금산 마을의 연안 이씨 가문의 전숲자 규수와 결혼하였다.

외할아버지께서는 일찍 돌아가셨다. 양산군 금산리는 연안 이씨 집성촌이었다. 외갓집에 가면 외할머니 큰외삼촌 내외와 외사촌들이 무척 반겨 주었다. 초등학교 방학을 하면 계석 마을 술도가인 작은집에서 놀다가 금산 외가에 들러 놀다 왔다. 걸어서 가야하니 멀고 힘들었지만, 외할머니가 계시고 외사촌과 그 마을 또래 동무들이 많아서 들판을 뛰어다니며 노는 것이 즐거워 꼭 다녀왔다.

어머니가 결혼했을 때 그 시절 서민들의 삶이 모두 곤궁했듯이 가난하였다. 그런 생활 속에서도 부지런한 아버지의 모습은 믿음직하였다는 이야기를 하셨다. 일본에서 배워 오신 새로운 원예기술로 손발이 부르트는 줄 모르고 밤낮을 가리지 않고 일구어내신 부모님의 노력은 정말 우리들의 귀감이 된다.

아버지는 평생 담배를 피우지 않으셨다. 어릴 적 홀로계신 할머니의 친구들이 모여 밭에서 키운 잎담배를 태우셔서 얼마나 맛있는지 알아보려고 피우다 기절하였기에 돌아가실 때까지 담배를 피우지 않으셨다. 97세에 가셔도 방에 냄새가 나지 않고 기침도 심하게 하지 않으셨다.

부모님의 노력이 우리 칠 남매 모두를 고등교육을 시키고 아버지의 형제자매와 일가 인척들까지 생활의 터전을 잡는 데 큰 도움을 베풀며 살다 세상을 떠나셨다.

큰올케는 "우리 아버님은 내일 하늘이 무너지고 지구가 멸망한다 하여도 한그루의 푸른 나무를 심고 가꾸는 정신을 가지셨다."고 했다. 90이 넘은 연세에도 채소 농장 일을 하셨다. 봄이면 난 화분도 사다놓고 항상 꽃밭을 가꾸셨다. 그런 정신으로 남에게 피해 주는 일 하지 않고 도움을 받기보다 베푸는 삶을 살아오신 모습이 가슴에 새겨진다.

어려웠던 시절 할머니께서 아버지에게 공부를 시키지 않으셨다면, 열심히 노력하신 부모님이 계시지 않았다면 지금 우리의 생활이 어떠할까 생각해본다. 할머니의 억척스런 교육열과 부모님의 성실한 삶이 오늘의 우리와 자녀들이 교육을 받고 각자 나름대로 꿈을 펼치고 있다.

개인의 사상과 생활이 가정과 국가의 미래를 좌우하고 훌륭한 지도자가 있어야 좋은 가정과 밝은 사회, 부강한 국가를 이룰 수 있다. 나의 삶을 이만큼 누릴 수 있음이 행복하고 부모님께 고맙다.

아끼꼬

핫옷을 입고 땀을 송골송골 흘리며 어린 아끼꼬가 아랫당산의 상석에 앉아 있다. 그녀는 내 어린 날 희미하면서도 강한 흔적으로 남아있는 동무다. 일본 이름이지만, 일본 소녀가 아니다. 일제강점기에 일본식 이름으로 바꾸던 1940년대 초인 해방되기 두세 해 전에 태어난 여자 아이들은 이름 끝 자를 거의 일본말 '꼬'로 썼다. '꼬' 즉 우리말로 '자'를 붙인 이름이다. 춘자, 정자, 영자, 순자, 선자, 화자 등 비슷한 또래들이 지나가면 뒤에서 "자야~" 하고 부르면 모두 돌아본다는 우스갯소리까지 있었다.

광복이 된 뒤에 우리말 이름으로 바꾸어 불렀지만, 아끼꼬는 우리말 이름인 '명자'로 부르지 않고 그대로 "아끼꼬" 라 불렀다.

어느 여름날로 기억된다. 할머니께서 "저기 아랫당산 무덤 앞에 가봐라. 아끼꼬가 핫치마저고리를 입고 상석에 앉아 있단다."하시며 '허허' 웃으셨다.

무슨 말씀인지 확실히 헤아리지 않고 아끼꼬가 우리들 놀이터인 당산에 와 있다니 함께 놀려고 달려가 보았다.

아끼꼬는 쨍쨍 내리쬐는 유월의 태양 아래 땀을 송송 흘리며 무덤 앞 큰 상석 위에 걸터앉아 있었다. 철이 지난 옷인 줄도 모른 채 예쁜 옷을 자랑하려고 이리저리 두리번거리며 앉아 있었다.

무덤 앞으로 윗동네로 가는 좁은 산길이 있었다. 지나다니는 동네 사람들에게 지난해 설날 입었던 예쁜 한복을 자랑하고 싶어서였다. 어른들도 아끼꼬의 마음을 읽고 "니 엄마는 어디갔노, 어디 밭 매러 갔나? 니 옷 참 이쁘다."며 머리를 쓰다듬고 웃으며 지나갔다. 아끼꼬는 우리와 놀 생각도 안 하고 뽐내듯 앉아 있었다.

36년이란 긴 세월을 식민지 백성으로 보낸 뒤였고 입에 풀칠하기도 어려웠던 가난한 시절이었으니 철따라 옷을 입힐 수 없었다. 명절인 설날과 추석이 되면 무명천에 빛깔을 들여서 옷을 지어 입혔다.

돌이켜 생각해보니 일 년에 겨우 두 번 새 옷을 입을 수 있었다. 지난해 설날 어머니가 솜을 넣어 지어주신 설빔인 치마저고리가 너무 좋았던 아끼꼬는 어느 계절에 입는 옷인지 모르고 그저 예쁜 옷을 자랑하려고 입고 나왔다. 지금처럼 사시사철 백화점과 시장의 옷가게에서 입고 싶은 옷을 마음대로 골라 사 입을 수 없던 시절의 이야기다.

그곳은 부곡동에서 구서동으로 이어진 산이었다. 오륜동과 회동수원지로 연결된 지금은 '윤산' 이라 부르는 기찰 마을의 뒷산이다.

소나무가 빙 둘러 있었고 큰 무덤이 쌍으로 나란히 두 기가 있었다. 무덤 앞에는 검은색 대리석 직사각형 상석이 놓여 있어 아랫당산이라 불렀다. 그 둘레로 넓은 잔디가 비스듬히 깔려 있어 학교를 갔다 온 아이들이 소를 몰고 와서 풀을 먹이고 뛰어 노는 동네 놀이터였다. 아이들은 술래잡기하다 산꼭대기에 있는 윗당산의 서낭당까지 올라갔다.

길옆으로 빨간 산딸기(뱀딸기)와 하얀 찔레꽃이 지천으로 피어 있었다. 가을이면 도토리와 밤도 가득 주워 왔다. 간식이라는 이름도 없던 시절의 그곳은 우리의 놀이터요, 간식을 실컷 먹을 수 있는 곳이었다. 특히 뱀딸기와 벌이 앉아 있는 하얀 찔레꽃을 따서 먹으면 꽃 밑동이 꿀처럼 달콤했다.

서낭당까지 무척 멀었다. 누가 먼저 올라가나 내기도 하였다. 떠들썩한 우리들의 목소리에 놀란 새들이 푸드덕 하늘로 날았다 그중에서 황새는 "황새 모가지 자르고 내 모가지 길고…." 하고 소리를 지르면 모가지를 길게 빼고 꾸억꾸억 울면서 사방을 두리번거렸다. 그 모습이 재미있어 조그만 나뭇가지를 한 개씩 꺾어 들고 길섶 나무들을 후려치면서 연신 "황새 모가지 자르고, 내 모가지 길고" 노래 부르듯 외치며 걸었다.

돌이켜보니 알을 품고 있었든지 아니면 새끼를 돌보고 조용히 쉬고 있었을 새들에게 엄청난 두려움을 준 것 같다. 내가 모르고 재미있어 한 행동이 모든 이에게 아니면, 주위에 있는 생명을 가진 모두에게 많은 상처를 입히며 살아 왔구나.

산꼭대기 단칸 당산집인 서낭당은 이리저리 내려뜨린 새끼줄에

좁고 기다란 울긋불긋한 천을 여러 갈래 묶어 놓아 바람에 세차게 펄럭거리었다. 귀신이 나올 것같이 으슥했다. 담이 큰 동무가 "야, 귀신이다." 소리를 지르면 우리는 부리나케 산 아래로 달려 내려오다 넘어지기도 하고 마음이 약한 동무는 엉엉 울기도 하였다. 그래도 우리는 그 길을 자주 오르내리며 놀았다.

식구들이 일터로 나가고 집을 비운 텅 빈 곳에서 가장 예쁜 옷을 찾아 입고 보여주고, 칭찬 듣고 싶었을 외로운 어린 소녀 아끼꼬는 동네 사람들이 제일 많이 다니는 아랫당산 무덤 앞에 앉아 있었다. 지나가는 어른들의 예쁘다는 말에 상기되어 땀을 흘려도 그저 좋아서 더워도 상관하지 않았다.

철부지였고 천진난만했던 아끼꼬, 내 동무가 보고 싶다. 지금은 호호 할머니가 되었을 것이다. 어쩌면 거리에서 만나도 모르고 지나칠 것 같은 그녀는 지금 어디에 살고 있을까. 그녀도 어디선가 그때의 꽃으로 피어나는 추억을 가끔 떠올리고 있을까? 만나서 함께 놀았던 이름조차 가물가물한 동무들의 이야기를 나누고 싶은 내 어린 시절의 세월이 저만치 흘러가고 있다.

그릇

띵동 띵~똥 벨소리 울리고 "야들 집에 있냐?"

아버지의 음성이 들린다. 갑자기 친정아버지께서 오셨다. 가슴이 두근거리고 미안하였다. 거실에 앉으시더니 "내가 와서 놀랐제?" 하시며 차도 한 잔 드시지 않고 함께 갈 곳이 있다며 우리 부부에게 따라나설 채비를 하라 하셨다.

남편의 사업을 접고 어떻게 해야 할까를 한창 고민하고 있을 때여서 나쁜 모습 보여드리는 게 싫고 부끄러웠다.

"아버지, 어디 가실려고 예." 할 수 없이 따라나섰다.

"오늘 좀 나하고 걷자." 하시며 산길을 걸었다. 한나절 걸으며 산에 관한 이런저런 말씀을 하셨다.

벌목사업을 하실 때 6・25 사변이 일어나고 빨치산들이 밤이면 산에서 내려와 동네를 털어 갔었다. 그러던 중 산지기가 그들이 쏜 총에 맞아 죽었다. 그때부터 산을 내버려 두었더니 피난민들이 나무를 모두 베어다 판자촌을 짓는데 사용하여 산은 벌거숭이로 변해갔다. 그 시절은 그냥 내버려 둘 수밖에 없었단다. 어릴 때 동래 온천장 냇가 들길을 따라 늘어선 판자촌 대부분이 아버지의 산에서 베어온 나무로 지은 집이라는 말을 듣긴 했지만, 아버지에게 직접 듣는 건 처음이었다. 한 번씩 "'산신령님께 한밑천 바치셨다."하시더니 그리하셨구나 생각되었다.

산에서 내려와 점심을 사 주시며 살아오면서 겪었던 내가 알지 못했던 아버지의 많은 이야기를 들려주셨다.

상 위에 놓인 그릇을 가리키며 자세히 보라 하셨다.

밥그릇 국그릇 크기가 다른 반찬 접시를 가리키며 "모두 크기가 다르제. 우리가 밥상을 차릴 때 그릇의 모양과 크기와 용도가 다른 것처럼 사람도 자기에게 맞는 그릇이 있는 기다. 밥은 항상 밥그릇에 담아야 하고 국그릇에는 국을, 간장은 작은 종지에 담아야 한다. 쓰임에 맞지 않게 담으면 탈이 나는 기다. 사람은 태어날 때 자기에게 맞는 그릇을 가지고 태어나는 거다. 사람마다 맞는 일을 찾아서 하고 모두 자기의 그릇에 맞는 양을 알맞게 채우면서 살면 괜찮은데 욕심을 내면 쏟아지는 것이다. 타고난 양이 밥그릇 국그릇 간장종지 각각 다른데 너무 많이 담으면 넘쳐서 쏟아버린다. 다시 힘껏 노력하면 자신의 그릇만큼은 채울 수 있는 기다. 느그도 그릇이 넘쳤나보다. 내가 보기에 그렇게 작은 그릇은 아닌 것 같으니 지금부터 열심히 하면 너그들 그릇만큼 채울 끼다." 하시며 산을 처분해보라 하셨다.

지금 생각해보면 그때 아버지의 연세가 지금 내 나이와 비슷한 것 같다. 내가 부모님의 마음을 무척 아리게 하였다. 내 자식들이 다치

거나 아프면 마음이 몹시 아픈데 부모님께서 나 때문에 걱정하신다는 생각은 해 보지 않았다. 얼마나 걱정을 많이 하고 아팠으면 오셨을까, 그때는 생각지 못하였던 불효가 못내 미안할 뿐이다.

옛날에는 나무그릇과 흙으로 빚은 토기와 도자기가 대부분이었다. 현재는 과학기술의 발달로 프라스틱, 유리 외에 새로운 소재의 다양한 그릇이 넘쳐나는 시대다. 그릇의 종류만큼 직업도 다양하다. 우리 세대가 모르는 생각할 수 없었던 새로운 직업이 많이 생겼다. 다양해진 직업만큼 다양한 그릇을 날마다 사용한다. 매일 밥상을 차리고 그릇에 맞는 양의 음식을 담는다. 그릇의 모양과 재질이 다르듯 사람마다 취미가 다르고 타고난 소질과 품성이 다르니 이 세상에서 하는 몫도 제각각 다를 것이다.

내 그릇은 무엇으로 만들어진 것이며 크기는 얼마만 한 것일까 가끔 생각해본다.

우리나라 속담에 "남의 그릇의 콩이 커 보인다."라는 말이 있다. 내 것보다 남의 것이 좋게 보이고 크게 보인다는 것은 노력보다는 욕심이 앞선 때문일 것이다. 신문과 뉴스에 하루도 빠짐없이 올라오는 부정부패의 핵심에는 자기 직분에 맞지 않은 그릇을 탐하였기 때문이리라. 타고난 운명만 생각하고 노력을 하지 말라는 건 아니다.

그날 아버지께서 우리 부부에게 사업에 임할 때에는 열심히 노력하고 능력에 맞추어 하도록 그릇으로 가르쳐 주셨던 것 같다.

밥상 위의 그릇을 보며 그때는 생각지 못했던 아버지의 따뜻한 사랑의 말씀을 마음 그릇에 새겨본다.

제3부

내 고향 금정구, 기찰 마을

내 고향 금정구, 기찰 마을

친구가 기찰 마을에 살고 있다 한다. 그 말을 듣는 순간 절로 탄성이 일었다.

"아, 기찰 마을!" 내가 태어난 곳이다. 오랫동안 잊고 지냈던 유년의 그림들이 파릇파릇 새싹이 돋아나듯 살아나 그려진다. 수십 년이 흘렀는데 마치 컴퓨터에 저장해 놓았던 파일을 열어 보는 것처럼 생생하게 떠오르니 진실로 놀랍다.

나는 금정초등학교와 동래구에서 금정구로 옮긴 동래여자중고등학교를 졸업하고 대학은 서울에서 다녔다. 우리 형제 칠 남매와 우리 아이들 삼 남매도 금정초등학교 출신이다. 시댁도 금정구 서동 452번지, 고색창연한 고택으로 종갓집이었다. 지금은 인구가 많아져 금정구가 되었지만, 그때는 동래구였다. 금정구를 떠난 기간은 대학재학시절 4년뿐이다. 참으로 긴 인연이다.

부산시 금정구(당시 동래구) 부곡동 기찰 마을에서 세 살 위인 오빠 다음에 나는 맏딸로 태어났다. 오빠가 동래중학교에 입학하면서 온천장 입구에 있는 아버지가 경영하는 봉림정미소 집으로 이사하였다.

위로 아들 둘을 잃고 셋째로 태어난 오빠는 태어나자마자 시렁에 얹으면 명이 길다 하여 시렁 위에 올려 졌고 "실근"이라 불리어졌다. 학교에서 부르는 이름인 본명은 달랐다. 할머니는 치성을 잘 올리는 어실 댁을 항상 곁에 두고 지극정성으로 오빠를 키우셨다. 남존여비 사상과 가문을 이을 자식을 기리는 마음이 가득한 할머니에게 손자인 오빠는 전부였다. 내가 태어나자 손녀라 서운하다며 들여다보지도 않으셨다 한다.

어머니는 아버지가 40세까지 하시는 사업마다 잘되어서 우리 형제들이 태어날 때마다 논과 밭을 샀다고 기꺼워하셨다.

내가 태어난 해에 밭을 사서 포도밭 일구는 공사를 하였다. 공사에 쓰는 철사 뭉치와 콘크리트를 집 마당에 내려놓는 소리가 꽝꽝거리고 몹시 시끄러워 산모인 어머니에게 거슬렸지만, 말을 할 형편이 아니었다.

갓 태어났을 때 동글동글 예쁘던 아기가 날이 갈수록 젖을 먹지 않고 울음소리조차 제대로 내지 못하며, 살갗까지 쪼그라져 죽어가는 것처럼 보였다. 어머니는 무섭고 불쌍했지만, 어쩔 줄 몰라 일을 마치고 들어오는 아버지께 전말을 얘기했으나 흘긋 보고는 "아무래도 사람이 안 될 것 같으니 사람을 사서 버려야 되겠다." 하셨다. 숨을 할딱할딱 힘겹게 쉬고 있는데, 어머니로서 차마 그렇게 할 수 없었다.

몸은 쪼그라지고 손가락 발가락만 자꾸 길어지는 것 같아서 할머니에게 "어무이요 아무래도 애가 아니고 거미가 환생한 것 같네요. 한번 보이소. 손가락 발가락만 길어집니더." 하소연해도 보아주지 않아서 슬프고 서운했단다.

그 와중에 큰아버지께서 다니러 오셨다. 아버지는 딸을 낳아 첫 칠이 지났는데, 젖도 먹지 못하고 자꾸 작아지니 사람이 안 될 것 같다는 이야기를 하였다. 큰아버지는 큰어머니에게 동생이 딸을 출산했는데, 아무래도 안 될 것 같다 하니, 어서어서 다녀오라 하셨다.

큰어머니께서 아기를 이리저리 한참을 살펴보고 놀라며 "아무래도 아기가 부정을 탄 것 같다."며 어머니에게 자세히 살펴보라 하셨다.

찬찬히 들여다보니 조그만 아기 몸이 머리끝에서 발끝까지가 철사로 칭칭 감아 놓은 자국이 나 보이고, 살갗에 골이 진 불그스름한 줄이 선명하게 보였다. 어머니는 정말 부정을 탄 것으로 단정하고 할머니에게 말씀을 드렸다. 그제야 놀란 할머니께서 자세히 살펴보고 정성을 들여 젯밥을 짓고 앞마당에 삼신할머니에게 올리는 상을 차렸다. 상 옆에는 철사 뭉치와 포도밭에 쓰는 자재를 놓고 "비나이다. 비나이다. 천지신명님과 칠성님, 삼신 할머님 전에 비나이다. 어리석은 중생이 아무것도 모르고 저지른 죄이니 부디 용서하시고 어린 아기를 살려 주시옵소서!"라고 반복하여 간절히 빌었다. 아버지에게는 물 한 양동이를 덮어씌우며 잘못했다고 큰절을 하면서 빌게 하였다.

이튿날, 신기하게도 캑캑거리며 몸부림을 치다가 '콱' 하고 콧구멍으로 갓난쟁이에게서 나왔다고 상상조차 할 수 없는 코딱지처럼 생긴 커다란 것이 튀어나오더니 숨을 쌕쌕 쉬면서 차츰차츰 살아났다 한다.

진짜 부정을 탄 것인지 알 수 없지만, 그 시절은 아기가 태어나면 머리맡에 삼신상을 차리고 대문 밖에 금줄도 치며 일을 할 때에는 가려서 했다. 환경오염이란 단어도 없었던 청정한 시절은 여러 잡신이 있어서 인간의 생활에 관여 했는지 모를 일이다.

자라면서 일을 마치고 들어오시는 아버지에게 두 손을 뒤로 번쩍 들고 온몸을 숙이며 서툰 말로 "아브지, 잘 다녀오심 겨" 인사하는 모습이 철기(잠자리의 사투리)가 날아가는 것으로 보이는 등, 예쁜 짓을 많이 하여 사랑도 많이 받았다.

대학입학국가고시를 치러가던 날에 할머니께서 메밀 한 가마니를 덕석에 펴놓고 찾으셨다는 다섯 모난 귀한 메밀을 넣은 빨간 주머니를 주면서 지니고 가면 시험에 붙을 것이라 하셨다. 지금 생각해보니 태어났을 때 손녀딸이라 홀대한 것이 마음에 끼어서 그리하셨을 것 같다.

일학년 겨울방학을 맞아 집에 내려오니 할머니를 모신 빈소만 있었다. 어머니는 학기말 시험에 지장이 있을까 연락하지 않았다 하셨다. 병석에서도 동지에 끓인 팥죽을 잘 두었다 먹이라는 당부를 하시며 나를 보고 싶어 하셨단다. 빈소에 절을 올리니 정말 할머니가 그리워지고 보고 싶었다.

학사모를 쓰고 찍은 대학 졸업사진을 보신 작은아버지께서는 "알라 때 선자를 내다 버렸으면 어쨌겠는교." 하셨다니, 나의 출생과 갓난아이 시절에 얽힌 이야기는 집안 식구들에게 늘 기억되고 회자되었던 것 같다.

그렇게 세상 빛을 본 내가 지금은 금정구 장전동 지하철 부산대학역 근처에 살고 있다. 결혼 2년 후 시아버님이 돌아가시고 맏 시숙이 서동 본가로 들어가면서 비워진 집으로 우리가 이사를 하였다. 그날 나와 또래인 남편의 오촌 조카가 "숙모님, 이 집에서 나무 옷 입을 때까지 살아도 되게심더." 하던 말이 아직 귓전에 맴돌고 있는데, 그가 한 달 전에 세상을 떠났다. 조카의 말대로 이집에서 수십 년을 살고 있다. 참으로 길고 많은 세월이 흘렀다.

어린 시절 동무들과 학교로 가는 비포장도로에 가끔 트럭이 지나가면서 뽀얀 먼지를 하얀 구름 덩이처럼 뿜어내었다. 우리는 트럭이 뱉어내는 뿌연 먼지와 석유 냄새가 좋아서 입을 크게 벌리고 마시며 자동차 뒤를 따라 달리기를 하였다. 철부지 시절의 기억이다.

그때 기찰 마을에서 아버지 정미소가 있는 온천장 입구로 가는 길은 무척 멀었다. 신작로를 따라 한참 걸어가면 군인부대가 있었다. 조금 더 가면 가마실 동네가 옹기종기 자리하고 있었다. 그리고 공수물 마을을 지나고서야 오시게 마을이 보였다. 오시게 마을을 돌아가면 온천장 입구 아버지의 정미소가 멀리 보였다. "아하, 다 왔구나!" 생각되어 마구 뛰어서 갔다.

학교가 파하면 오시게 들판에 있는 논에 새를 보러 갔다. 추수철이 되면 참새들이 무리를 지어 날아다니며 익어가는 곡식을 먹어치웠다. 벼가 누렇게 익어가는 논에 허수아비를 세우고, 줄을 엮어 깡통을 달아 참새 떼가 날아오면 요란하게 흔들며 "휴~야~" 고함을 지르며 쫓았다. 아버지는 새를 보고 있는 나에게 과자와 간식거리를 사주시며 새를 잘 본다고 칭찬하셨다.

우리 옆 논 주인 아저씨가 빈 지게를 지고 지나가다 새를 보는 나에게 "몇 학년이고?" 묻고는 지게 작대기로 글자를 쓰고 읽어보라 하셨다. 쓰는 글자마다 척척 읽으면 "니 참 글자를 잘 읽네." 하고 칭찬을 해 주어서 정말 기분이 좋았다. 마주칠 때마다 글을 읽어보라 하셨다.

해가 질 무렵이면 아버지의 자전거 뒷좌석에 타고 기찰 마을 우리 집으로 왔다. 아버지의 허리를 꼭 붙잡고 울퉁불퉁한 자갈길 신작로를 달리면 뿌연 먼지를 마셔도 신이 나서 학교에서 배운 노래도 불렀다. 그러던 어느 날 기분이 좋아서 다리를 까불거리다 자전거바퀴에 발목이 끼어 큰 상처를 입었다. 그때의 상처자리가 아직도 흐리게 남아 있다. 그 뒤로 새를 보러 가지 않았다.

6 · 25 전란 후 피난민에게 학교를 내어주고 날씨가 맑으면 교실이 되었던 금정산. 금정산 오르는 길은 큰 바위들이 엄청 많았다. 바위 사이로 흐르는 맑고 깨끗한 계곡물에는 물방개와 가재, 피라미들이 헤엄을 쳤다. 까만 점이 박힌 올챙이 알 덩어리가 동동 떠 있어 잡으면 물컹했다. 그곳이 방과 후 우리의 놀이터였다. 어쩌다 고학년 남학생들이 소나무 가지를 꺾어 던져주는 송곳을 빨아 먹으면 얼마나

달콤했던가!

고등학교 다닐 때까지 가끔 기찰 동네를 지나가면 우리 집터와 내가 태어날 때 일구었다는 포도밭이 있던 곳과 동무들과 쑥을 캐러 다니던 논둑을 기억할 수 있었다. 어릴 때 하늘이 손에 잡힐 듯 높게 보이던 동네 뒷산은 벌거숭이산이 되어 산꼭대기의 서낭당과 우뚝 선 소나무 한그루가 마을을 지켰다. 어린 우리가 자주 모여서 놀았던 아랫당산과 마을의 수호신인 엄청 큰 고목 소나무가 있던 부곡동사무소 위치와 온천천으로 이어진 길도 어렴풋이 확인할 수 있었다.

초등학교 4학년 때 금정산 자락에 기공식을 한 부산대학교가 오늘날 부산 제일의 대학교로 발전했다. 거대한 캠퍼스와 주변의 수많은 상가와 아파트가 숲인 양 들어선 도시의 일부로 변모하여 그 시절의 모습을 짐작조차 할 수 없다. 기찰 마을도 그때를 상상할 수 없게 변하였다. 부곡동에서 오륜동 들어가는 숲길과 수원지의 모습이 그나마 그 당시를 조금 추억하게 할 뿐이다. 온 지역이 상전벽해요, 천지개벽이 일어난 듯 변신했다.

금정구는 부산의 명산인 금정산이 있고, 온천천이 흐르고 부산최고의 부산대학교를 비롯하여 각급 학교와 좋은 교육시설이 갖추어진 교육구이며 살기 좋은 문화의 요지다. 동무들과 풋감을 주워서 꽉 깨물면 약간 떫은 풋향기의 설익은 맛을 추억으로 써놓는 수첩 같은 곳이다. 쑥을 기차게 잘 캐던 옥남이와 한여름에 겨울 핫옷을 예쁜 옷이라 입고 땀을 뻘뻘 흘리며 자랑하던 아끼꼬는 지금 어디에 살고 있는지, 보고 싶다. 그들도 나를 기억하고 있을까?

내 고향 기찰 마을은 급변하는 도시화로 비록 어릴 적 기억의 흔적은 송두리째 사라졌지만, 유년의 앨범을 안고 평생을 살고 있으니 금정구는 나와 깊고 질긴 인연으로 맺어진 곳이다. 그래서 내 고향 금정구가 참 좋다.

달을 품은 월정사

시월은 여행하기에 가장 좋은 달이다. 월정사 계곡에 들어서니 길이 막혀 꿈적하지 않는다. 남부지방은 아직 가을 색보다 푸른 여름 빛깔인데, 월정사 입구는 단풍으로 눈이 부시다. 아름다운 단풍을 구경하기란 쉽지 않다. 조금 이르면 푸른빛이 많아 덜하고 조금 늦으면 말라 가랑잎으로 변한다. 지금 눈에 들어오는 오색단풍 빛깔은 선명하고 밝기가 기가 막힌다. 온 산이 그야말로 불타고 있다.

마침 축제기간에 주말이라 더 많은 사람이 붐빈다. 울창한 가을 숲길을 따라 하늘은 구름 한 점 없이 높푸르다. 수백 년 먹은 노송과 단풍나무의 찬란한 색깔의 조화가 관광객과 어우러져 월정사로 향한다.

월정사는 신라 선덕여왕 때 자장율사(590~658)가 중국 오대산에서 문수보살을 친견하고 부처님의 진골사리, 가사, 발우를 가지고 귀국하여 강원도 오대산에 창건하셨다.

탄허스님의 힘찬 친필 月精大伽籃월정대가람 일주문을 지나 난다나 카페에 자리를 잡았다. 준비해온 "달을 품은 절 월정사, 시사랑, 물길 사랑, 단풍사랑, 시낭송회" 플랜카드를 걸고 시낭송회를 열었다. 야외 데크가 넓게 자리한 울창한 단풍나무 가지에 귀엽고 작은 연꽃을 접어 매달아 놓아 예쁘다. 시원하게 탁 트인 가을 산야가 배경이라 낭송장소는 일품이다. 카페에 앉아있던 손님과 함께한 시낭송회라 더욱 좋다.

산사에서 하룻밤 지낼 인연을 맺는 것은 한없는 가피라 여긴다. 방 이름이 "달을 품은 방" 대, 소, "달을 토하는 방" 대, 소, 방에 배정을 받았다. 방 이름이 정겹고 시흥이 넘쳐난다. 깨끗한 전통 한옥에 황토 물들인 정갈한 이부자리에 어쩐지 좋은 꿈을 꿀 것 같다.

산사의 밤은 음악회가 있어 관광객과 신도들이 붐빈다. 대낮 같은 조명이 비치고 음악이 흐른다. 저녁공양을 마치고 음악회에 자리를 잡았다. 높은 산에 위치하여 제법 쌀쌀하다. 멀리 보이는 검푸른 밤 숲 사이로 여인네 눈썹 같은 초승달이 비추다 넘어가고 있다. 달을 품은 절에 왔으니, 둥글고 환한 보름달을 품고 싶다. 보름달은 바로 소망의 부처님을 안고 살라는 깊은 뜻을 새긴 말씀이리라. 가야금 연주에 맞춘 창 가락에 박수를 보낸다. 처음 듣는 인도의 타악기 타블라는 우리나라의 장고와 비슷하다. 몽골의 현악기 마두금은 두 줄로 된 해금과 비슷하여 선율이 애잔하며 연주자의 열정이 추위를 덜하게 하였다. 마지막 스타가수 이은미의 열창은 더욱 전율적이었다. 그녀의 온몸으로 하는 노래는 청중을 음악 속에 빠져들게 했다. 어느 분야에서나 최고가 되려면 노력과 인내, 열정을 쏟아야 오를 수 있다는 교훈을 새삼 깨닫게 하는 감동이었다.

새벽 4시에 올리는 예불에 동참하려고 일찍 잠자리에 들었다. 몇 번을 올 수 있을지 모를 먼 이곳의 영험한 사찰에 왔으니 꼭 아침예불에 참석하리라 다짐하였다.

신선한 새벽 찬바람은 정신을 맑게 하고 도량치는 스님의 독경과 기도는 부처님의 가피로 온몸을 젖게 한다. 여행도 하고 기도도 할 수 있어 마음이 맑아졌다. 기도를 드리고 나오면서 아직도 초롱초롱한 산사의 새벽별을 쳐다보며 기도드린 회원들과 저별은 나의 별을 헤아리며 왔다. 이집트 사막에서 본 왕방울만 한 별은 아니지만, 맑은 산사를 비추며 우리들을 내려다보고 반갑다 웃어 준다. 집으로 돌아가면 근심 걱정거리가 묵었던 체증이 내리 듯 사라지리라.

아침공양을 하고 상원사로 갔다. 아름드리 전나무와 곱게 물든 단풍 숲 향기가 싸하게 온몸을 스민다. 갑자기 얼마 전 떠나보낸 여동생이 "언니야" 하고 부른다. 휙 돌아보았다. 가슴 깊게 묻었던 눈물이 나도 모르게 흐른다. 얼른 마음을 추스르고 바로 잡았다.

동생이 재작년 여름 원주의 상지대학 한방병원에 한 달간 입원해 있을 때, 내가 간호를 하였다. 가족들이 병문안 와서 월정사와 상원사를 찾았다. 그때 동생은 월정사는 평지라 겨우 걸을 수 있었다. 상원사는 혼자 차에 있게 하고 우리만 법당에 절하고 내려가니 모진 병을 이겨보려고 걸음연습을 하고 있어 너무 마음이 아팠다. 태어나고 죽는 일이 진리이지만, 먼저 떠나보내는 아픔은 표현할 수 없이 슬프다. 가깝게 지내던 사람이면 더욱 그렇다. 미국계 영국시인 T, S 엘리엇이 "4월은 잔인한 달"이라 했다. 나에게는 지난 9월이 참으로 슬프고 잔인한 달이었다. 언제나 마음의 고향이던 어머니가 떠나시고, 작년에 건강하게 외국여행을 함께했던 친구와 여동생까지 열흘 간격으로 저 세상으로 떠나보내고 나니 인생의 허망함에 눈물마저 잊어갔다. 지금 동생이 나를 따라 이곳에 와서 가을 여행에 동행하고 있는 것 같다. 월정사는 몇 번을 왔었다. 올 때마다 감동이 조금씩 달랐다. 이번 여행은 단기간 슬픈 일을 겪어서 그런지 부처님께 예불을 드리니 눈물이 자꾸 났다.

상원사를 오르면서 세조의 옴 병을 낫게 한 문수동자의 영험이 서린 곳과 목욕하려고 옷을 걸었던 관대 걸이를 볼 수 있었다. 어린 조카를 내몰고 왕위에 올라 양심에 시달렸을 세조를 생각해 보았다.

신라 성덕왕 때 건조된 동종의 표면에 새겨진 구름을 따라 옷깃을 흩날리며 악기를 연주하는 비천상을 보며 허공으로 가볍게 춤추며 날아오르는 환희를 가슴에 담았다. 예사롭게 지나치던 팔각 구층 석탑도 새롭게 보였다. 성보박물관에 들렀다. 통도사 성보박물관에서 본 자장율사의 진영과 조금은 다르지만, 이곳에도 있었다. 6 · 25 사변 당시 상원사를 지켜내신 한암 스님 앞에 섰다. 1 · 4 후퇴 시 국군이 남쪽으로 퇴각하면서 절이 적의 손에 들어갈 것을 염려하여 불태우려 하자 법당에 머무르면서 군인들에게 문짝만 떼어 태우고 떠나게 하여 상원사를 보존하셨다. 그분의 힘은 어디에서 나왔을까…. 앉아서 입적하신 거룩한 사진도 보았다.

한학과 도학에 능통하고 일주문의 살아 숨 쉬는 듯 보이는 감동의 현판 月精大伽藍월정대가람을 쓰신 탄허 스님의 이야기도 읽고 새겼다. 여러 번 왔어도 그냥 지나쳤던 글씨를 비로소 진가를 느끼며 보았다.

여행이란 어느 때 떠나도 좋다. 같은 곳을 여러 번 다녀도 함께한 도반과 시기에 따라 다른 감흥을 받는다. 여행할 지역의 역사와 문화 생활을 공부하고 연구하여 가면 그만큼 많이 배우고 즐길 수 있다.

산문 밖의 가을정취에 취하여 내려오다 수백 년 된 나무가 죽어서도 늠름한 자태를 뽐내고 서 있는 단풍나무 숲에 자리한 고사목과 마주쳤다. 많은 관광객이 줄지어 버석 말라 검은 회색으로 우뚝 선 고사목의 옴팍한 둥근 웅덩이 속을 비집고 들어가 앉았다. 엄마의 품속에 안긴 것처럼 편안하고 행복하게 활짝 웃으며 삼삼오오로 짝을 지어 차례로 인증샷을 날렸다. 나무는 죽어서도 건사한 예술품으로 자리를 지키며 사랑받는 사실이 놀랍다. 사람은 늙고 병들면 보잘 것 없이 초라해지는데, 나무의 일생이 부럽다.

일요일이라 가을 여행 성수기의 기분을 마음껏 접했다. 밀려오는 관광객과 차량 때문에 주차장까지 제법 많이 걸어야 했다. 그 덕분에 감미로운 바리톤 목소리로 팝송을 노래하는 스님의(무상 스님) 길거리 공연을 아름답게 물든 단풍나무 아래 서서 듣는 행운을 가졌다. 젊은 학창시절 부르던 아는 곡을 불러 손뼉을 치고 춤추며 즐기는 공연을 펼치니 노래하는 스님도 지나는 길손들도 덩달아 신나게 놀았다.

음악은 일면식이 없던 사람에게도 소통하게 하는 마술과 같다. 모든 예술의 힘이 거기에 있을 것이다. 그러니 예술가가 되는 길은 어렵고 험난하지만, 비켜 갈 수 없는 길인지 모르겠다. 월정사 대가람의 가피를 흠뻑 받고 돌아오는 차 안은 밝고 건강했다. 동해안 푸른 바다도 가을빛을 띄우며 손짓을 한다. 나쁜 일들은 모두 흘려보내라고.

백두산 천지를 가다

백두산 여행은 분단된 조국의 형평상 가는 길이 너무 멀다. 북한 땅을 밟을 수 없으니 중국으로 가야만 한다. 2750m의 높은 고지에 있기에 갈 수 있는 날은 고작 일 년에 3개월 뿐이다. 6, 7월이 좋은 시기라지만, 날씨에 따라 천지를 못 볼 수도 있다.

산문 매표소 앞은 주말도 아닌데 인산인해다. 입장료를 받기 위해 바둑판처럼 엮은 입구가 꽉 메워져있어 한 발짝이라도 잘못 디디면 한꺼번에 넘어질 듯 질서 없이 밀려들어 소란하다.

백두산白頭山은 흰백白, 머리 두頭, 언제나 만년설로 덮혀있어 하얀 백발의 산이란 뜻이다. 중국인들은 우리처럼 백두산이라 부르려니 자존심이 상하였는지, 장백산이라 부른다. 즉 긴 장長에다 흰 백白 즉 오래오래 하얀 눈을 입은 산이란 뜻으로 장백산長白山이라 부른다. 뜻은 같은데 부르는 소리만 다를 뿐이다. 민족분단의 유산이 만들어낸 각기 다른 이름이며 아픔의 역사를 대면하는 현장이다.

개표소를 지나 셔틀버스를 타고 20여 분을 올라간다. 가는 길목은 자작나무 숲이 울창하고 날씨가 맑아 천지를 볼 수 있을 것 같다. 가이드는 산 아래가 아무리 맑아도 정상의 일기를 예측할 수 없으니 천지를 못 볼 수도 있단다. 세 번을 와도 천지를 대면하지 못하였다는 이야기에 지금부터의 기도는 천지를 꼭 보고갈 수 있게 해 달라는 간절한 소망을 담았다.

셔틀버스에서 내려 다시 8명씩 하얀색 벤츠에 탔다. 울창한 숲길을 한참 지나고 이름 모를 야생화가 하얀 꽃, 노란 꽃, 붉은 꽃, 형형색색으로 초록빛 들판에 수를 놓은 듯 아름답다. 아~, 라는 탄성이 절로 나왔다. 오를수록 초록빛 민둥산 봉우리가 뒷걸음질을 한다. 자잘한 야생화가 우리를 언뜻언뜻 반기며 환영하는 듯 보여 한없이 즐거웠다. 겨울엔 스키장으로 이용된단다. 지금은 초기 단계지만 거대한 중국자본이 개발하면 세계에서 가장 크고 좋은 스키장이 될 것이란다. 북한의 무능한 지도자 때문에 중국은 떼돈을 벌어들이겠다. 북한인민들은 가지고 있던 좋은 관광자원마저 내어주고 굶주림에 허덕이고 있다며 여행객 모두는 안타까운 마음을 토로하였다.

차는 꼬불꼬불 위험한 급경사 길을 곡예 하듯 빠르게 오른다. 놀이공원 롤링 스케이트 타는 기분이 이러할까. 이리저리 부딪히고 앞으로 쏟아질 듯 스러지면서 와하~, 환성을 지르며 아슬아슬하게 올라간다. 목숨을 담보로 한 무섭고 아찔한 순간을 몇 번씩 경험한다. 굽이지고 경사가 심한 높은 산길이라 빠르게 달려야만 한단다. 여기서 운행하는 운전기사는 모두 공무원이며 실력이 대단하다 하였다.

천지를 만난다는 것이 이만큼의 시련이 있어야 하는 걸까. 우리가 살아가면서 쉽게 얻어지고 가질 수 있는 게 얼마나 있었던가. 민족의 영산, 그곳의 천지를 뵈러가는데, 이쯤의 무서움과 고통은 이겨야지. 멀리 짙은 안개비 속으로 관광객을 실은 하얀 차들이 굽이굽이 오르고 내리는 모습이 흰 개미 떼가 먹이를 찾아 힘겹게 오르내리는 것처럼 어렴풋이 보이다 사라지고 우리 차 옆으로 살짝 비껴가는 것에 아찔하여 소름이 끼친다.

백두산을 오르는 길이 바로 우리가 살아 온 길이다. 아슬아슬한 순간을 많이도 겪어오지 않았는가. 천지를 만나는 행운을 맞으러 가는 길이니 참고 견뎌야지…. 주말도 아닌데 어쩜 이렇게 많은 인파가 모였을까. 내려오는 차에 탄 이들은 모두 천지를 보았을까.

짙은 안개비가 내리고 앞을 가늠할 수 없는 차가운 비바람을 맞으며 정상에 내렸다. 비옷을 챙겨 입고 구름 안에 있는지 안개비 속에 있는지 한 발짝 앞의 사람도 보이지 않는 곳에 섰다. 재빠른 가이드 덕분에 겨우 대피소에 들어가 자리를 잡고 하늘이 열리기를 기다렸다. 왁자지껄한 대피소 안은 정신없이 소란스럽고 바깥은 검은 구름 안개로 한 치 앞도 보이지 않는다. 천지는 여기서 얼마나 올라가야하나 물으니 날씨만 개이면 5분 안에 천지를 볼 수 있는 곳이란다. 눈앞에 천지를 두고 못 보고 내려 갈 수도 있다니….

한동안의 시간이 흘렀다. 어찌 구름이 약간 걷히는가 싶다가 다시 앞이 보이질 않기를 되풀이 하더니 눈 깜작할 사이에 커튼이 열리듯 구름과 안개비가 사라졌다. 드넓은 백두산 봉우리들이 확 눈 안으로 들어왔다.

아~, 자연의 신비로운 조화가 신의 섭리라면 지금 눈앞에 펼쳐지는 화폭이 곧 천지개벽天地開闢의 순간이다. 여기저기서 환성이 들리고 모두 대피소를 나와 비스듬한 나무계단을 열을 지어 올랐다.

아~, 정상이다. 여전히 구름과 안개비가 열렸다 닫았다 계속하다 마침내 짙은 회색빛 푸른 물결을 품은 하늘이 열렸다. 사진에서 수백 번 수천 번 낯익은 천지가 반가운 손님을 만난 듯 마주한다. 가슴이 뻥 뚫리며 발걸음이 하늘로 날아오를 듯 가볍다.

당신을 뵙고 싶어 얼마나 먼 길을 달려왔는가. 민족의 영험한 산이여, 언제 사라질지 모를 천지를 붙들어 눈에 넣으려고 이곳저곳을 헤집고 바쁘게 옮겨 다녔다. 위치에 따라 다르게 보였다.

천지를 내려다 볼 수 있는 곳은 난간으로 둘러싸고 줄을 쳐놓았다. 한꺼번에 오른 많은 인파에 밀려 조용히 서서 볼 수 있는 곳이 없어 아쉬웠다.

부산을 출발한 비행기가 장춘공항에 내려 돈화로 거쳐 고구려가 멸망한 뒤 대조영이 세운 발해 땅을 지나왔다. 팻말에 한글이 적혀있어 중국 땅에 우리글이 함께 쓰여 있어 우쭐하였다. 여기서부터 장백산 가는 넓은 들판이 바로 일제의 수탈에 견디지 못한 선조들이 압록강과 두만강을 건너온 바로 그 간도지방이란다.

해방이 조금만 늦어졌어도 우리민족은 대부분 일본에 쫓겨 간도지방으로 삶의 터전을 찾아 유랑생활을 떠났을 것이라는 어머니의 이야기가 생각났다. 나라를 빼앗기고 삶의 터전을 내어준 선조들이 주인 없는 넓고 황량한 땅을 일구어 살아온 터전이다. 선조들의 피와 눈물이 베인 푸른 들판이 새롭게 다가왔다. 해가 지고 어둑한 길을 달리다 저 멀리 어스름 저녁에 아득히 보이는 정자가 '일송정'이라 알려주는 가이드 설명에 "선구자" 노래를 부르며 애국심도 새겼다.

길림성 안도현安圖縣 이도백하二道白河는 백두산 관광산업 도시로 탈바꿈하고 있었다. 백두산 즉 장백산 관리는 연변의 조선족 자치주에서 관리하였지만, 지금은 중화민국 정부가 직접 관리하고 있다. 장백산이 화산지질 국립공원으로 지정 되면서 대대적인 개발로 포크레인 소리가 곳곳에서 들렸다. 여행객 관리시스템 수준도 상당하다 느껴졌다. 중국정부의 동북공정 정책이 실감나는 곳이라 두렵기도 하였다.

우리 가이드는 30대 중반의 조선족 엘리트였다. 그는 지금 중국 정부가 길림성을 개발하고 선배들이 중앙정부의 높은 관리로 많이 배출 되므로 앞으로 조선족의 삶의 질이 높아지리라는 기대에 매우 만족하며 자부심을 갖고 있었다. 서서히 이루어지고 있는 동북공정에 중화되어가는 조선족과 북한의 태도가 우리나라에 어떤 영향을 줄까 하는 두려움이 잠시 피부에 스며들었다.

한 번도 만나기 어렵다는 천지를 서파와 북파에서 이틀 동안 두 번 접하였으니 가슴이 뿌듯하다. 민족정기의 발원지인 백두산을 남북통일이 되어 북한 땅을 밟고 정상에 올라 천지를 볼 수 있었으면 좋겠다는 가이드의 말에 그나마 같은 민족의 짙은 정과 긍지를 느끼며 그런 날 오기를 소원해 본다.

제주, 그 특별자치도

친구들과 가을 여행을 제주도로 떠난다. 부산과 가까운 곳이 경주, 통영, 거제도 아니면 제주도라 거의 해마다 다녀왔었다. 자연히 반복되는 관광지는 스쳐 지나게 되니 감흥이 별로여서 3, 4년간 쉬었다. 여행사에서 새로 조성된 테마가 있는 여행지를 추천받았다. 비행기를 타고 떠나는 여행은 해외여행이 아니라도 색다르게 느껴지고 몹시 설레게 한다. 생각해보니 아주 여러 번의 여행을 했지만, 제주도 기행문을 한 편도 쓰지 않았다. 이번엔 꼭 한 편 적어보리라. 스마트폰과 인터넷의 발달로 국내뿐 아니라 외국 여행까지도 정보와 여행기가 넘쳐나는 세상이니 물린다. 그래도 하나의 사물을 동일한 장소에서 같은 시간에 보아도 시각과 느낌이 각각 다르기에 나름대로의 글 한 편 쓰고 싶어졌다.

아직 초가을이어서 미련을 떨치지 못한 여름 태풍이 유난히 잦아지면서 여행하는 날 비행기가 뜰지 몰라 마음을 졸였다. "우리는 날씨 운이 좋아서 괜찮겠지." 하며 기다렸다. 이상하게도 여행 가는 날을 받으면 비바람 불던 궂은 날씨가 그치고 좋아졌다. 이번 여행 역시 떠나는 날 아침까지 비가 내렸으나 비행기가 뜰 정도였다. 제주비행장에 내리니 약간 구름이 낀 날씨라 모자를 쓰지 않아도 좋았다. 비행장 근처에서 제주산 특식인 맛있는 전복죽으로 아침을 든든하게 먹고 여행을 시작하였다. 차 안에서 수다도 떨며 스치는 초가을의 풍경을 마음껏 즐기며 다녔다. 잘 손질된 녹차 밭고랑에서 사진촬영도 하고 테마관에서 녹차와 달콤한 녹차 아이스크림도 사 먹고 행복한 시간을 보냈다. 여행 코스마다 특징 있는 테마로 여행객을 모으려는 노력이 여실히 보였다. 서커스 월드, 러브랜드 등등 전에 구경하였던 곳은 건성으로, 처음 보는 곳은 좀 더 시간을 두고 자세히 관람했다. 저녁에는 노래방에서 멋진 공연을 하고 간간이 여행에서 빠질 수 없는 맛 기행도 즐기며 다녔다.

부산은 태풍으로 폭우가 쏟아지고 비바람이 몰아친다면서 더 남쪽인 제주도에 있는 우리가 날씨 때문에 호텔 방에 갇혀 있는지 궁금하다는 소식들이 연신 날아왔다. 여기는 태풍이 지나간 좋은 초가을 날씨를 만끽하며 여행하고 있다고 전하며 박수를 치며 "역시 날씨 운은 타고난 사람들"이라며 행복해 하였다.

제주도 첫 여행은 1980년대 어느 해 부부 동반모임에서였다. 1960년대의 젊은 시절 신혼여행으로 가장 으뜸인 곳이 제주도였다. 비용이 많이 들어 아무나 갈 수 없는 곳이었다. 어쩌면 요즈음 해외여행 가는 것보다 더욱 어려운 곳이었다. 대학 졸업여행지가 제주도였지만, 여건이 되지 않아 가지 못했다. 항상 제주도를 마음속에 품고 있었기에 첫 여행은 아주 인상적이었다. 해외여행의 자유화시대도 아닌지라 남쪽 섬나라는 모두가 새롭고 신선한 충격이었다. 비행장을 나와 달리는 차창 밖으로 스치는 야자 가로수는 지금까지 내륙지방에서 본 경치와 너무 달라 남국의 정취에 흠뻑 젖을 수 있었다. 지리시간에 배웠던 돌, 바람, 여자가 많다는 삼다도, 그때의 감동을 잊을 수 없다.

올레길을 걸었다. 올레길 코스 중 트래킹 7코스는 외돌개에서 월평 마을까지 총 14.2㎞인 절벽해안을 끼고 걷는 아름다운 코스다. 올레길이 처음 생기고 대통령 부인이 다녀갔다는 길이라 올레길 중에서 가장 아름다운 길이며 절벽해안에 우뚝 솟은 촛대바위인 외돌개는 슬픈 전설을 품고 있어 더욱 신비롭다.

고려 말기에 탐라(제주도)에서 말을 기르며 살던 몽골족들이 강제로 그들의 말을 징집하여 명나라에 보내는 것에 불만을 품고 반란을 일으켰다. 최영 장군이 이들을 토벌하기 위해 외돌개 바위에 장군의 옷을 입혀 위장하고 최후의 격전을 하였다. 외돌개를 장군으로 알고 반군들이 스스로 목숨을 끊었다. 그래서 '장군바위'라 부른다. 한라산 밑에 어부 할아버지 부부가 살았었다. 어느 날 바다에 나간 할아버지가 풍랑을 만나 돌아오지 못하자 할머니는 바다를 향해 '하르방'을 외치며 통곡하다 외돌개 바위가 되었다. 그리하여 '할망바위'라는 이름도 가졌다.

장군바위와 할망바위의 전설을 생각하고 전에 걸었던 좋은 풍광을 떠올리며 걸었다. 한참 걷다 보니 그 아름답던 길 곳곳에 말라 시들은 잎들을 매달고 신음하는 야자수가 바닷바람에 휘청거리고 있었다. 그뿐 아니다. 나무로 바닥을 깐 길이 곳곳에 부서져 있고 길옆 풀숲과 시설물들이 방치되어 있었다. 경관이 좋은 언덕 위의 여러 곳에 호텔을 짓는 중인지 짓다 만 곳인지 모를 철골과 시멘트 형체들이 푸른 바다를 향해 어수선하게 서 있어 처음 만났던 아름답고 좋은 기억을 잃어버리게 하였다. 제주시에서 새로운 관광단지 조성에만 열을 올리고 본래 있던 관광시설물은 방치하고 있는 게 아니가 하는 생각이 들었다.

천지연폭포에 도착하였다. 입구의 시설이 완전히 바뀌어 있었다. 예전의 자연 그대로의 아름답던 경치는 추억 속에 있을 뿐이었다. 매표소와 단지 입구가 상가로 꽉 메워져 있어 어수선하고 수많은 관광객이 낯설어 다른 곳에 온 것 같았다.

자세히 살펴보니 관광객 대부분이 중국인이다. 들리는 말소리도 우리말이 아닌 중국어다. 제주도는 국내 관광객보다 중국 여행객이 많다는 소문이 피부에 와 닿았다. 외국 관광객이 와서 많은 여행비를 쓰고 가야 경제가 좋아진다고 한다. 우리나라뿐 아니라 세계 각국이 외국관광객 유치에 갖은 애를 쓰고 있다. 잘못하면 외국자본에 잠식될 수도 있다. 이번 여행에서 제주도가 중국화 되어 간다는 세간의 소문이 거짓이 아니다 라는 생각이 들었다. 거대한 중국 자본이 제주도를 중국화 시키고 있었다. 여행지를 돌다가 가이드가 중국인 아파트 단지와 수만 평 넘는 관광개발단지가 중국인 자본에 넘어간 곳을 일러 주었다. 우리가 해외여행을 하면서 우리 교민 식당과 상점을 찾듯이 중국관광객이 아무리 많이 와도 자기교민의 호텔에 머물며 상품을 구매하고 그들의 식당에 들렀다 가면 우리나라는 장소만 제공할 뿐이지 수입은 고스란히 중국으로 넘어갈 것이다. 제주도뿐 아니라 서울에도 큰 건축물이 중국인 손에 넘어가고 있단다. 국가의 독립은 정치적 독립만으로 되는 게 아니다. 경제적 문화적 독립이 완성되어야만 한다. 아무리 국제화시대라 해도 개인만 아니라 국가의 경제가 확고한 자립성을 지녀야만 튼튼한 국가가 될 것이다. 즐거운 가을 제주도 여행을 하면서 내내 마음 한편이 편하지만 않은 건 나 혼자만의 생각이 아닐 것이다. 아무쪼록 정치하는 사람들이 나라를 걱정하고 눈앞의 이익만 따지지 않고 수십 년, 수백 년이 흐른 뒤의 우리 자손을 생각하는 긴 안목으로 정책을 만들었으면 좋겠다고 말하고 싶다.

제주도는 여행할 때마다 색다른 추억을 한 편 한 편 마음에 새기게 된다. 봄, 여름, 가을, 겨울 사계절의 경치와 느낌이 새로운 감동을 주는 곳이며 많은 전설과 이야기를 품은 우리나라의 소중한 영토다. 세계의 7대 자연 유산에 등재된 우리의 대표적인 관광지이니 더 염려되고 아껴지는 곳이다. 영원히 보존되고 자랑스러운 여행지가 되기를 바랄 뿐이다. 여행객인 우리보다 지역주민들이 더 사랑하고 아끼는 곳으로 가꾸어 가리라 믿으며 전통 민속 마을에서 특산물과 농수산직거래 장터에서 밀감과 해산물을 한 보따리 사 안고 돌아왔다.

천사(1004)의 섬 증도에서 일박을

여행은 언제나 마음을 설레게 한다. 여행 간다는 말만 들으면 떠나고 싶어 일종의 병에 걸린 듯싶다.

전라남도 신안군은 유인도 72개와 무인도 932개로 총 1004개의 섬을 품고 있다. 1004개의 섬이 모인 지방자치단체라 천사의 섬, 天使천사 즉 하늘나라에서 인간들에게 신의 말씀을 전하고 인간의 소망을 신에게 전달하는 아름다운 천사의 섬으로 변신시켜 관광 마켓팅을 하고 있다. 문화체육관광부와 한국관광공사가 선정한 한국인이 꼭 가보아야 할 관광 100선에 신안군의 홍도와 증도가 포함된다.

증도는 아시아 최초의 슬로우 시티 섬으로 등재되었다. 빠르게 발전하고 경쟁하는 사회생활에 적응하며 살아야 하는 현대인들에게 한 번쯤은 느리게 천천히 점을 찍으며 쉬어가야 할 시간이 반드시 필요하리라. 즉 에너지 충전이 필요한 사람에게 게으름과 느림으로 힐링

할 수 있는 곳이라 하니 정말 매력적인 곳일 테다. 사진으로 보니 더욱 가슴을 떨리게 하는 아름다운 섬이다. 쪽빛 바다에 푸른 섬으로, 금빛 모래 위로 하얀 파도가 부서지는 섬. 우리가 묵을 곳인 엘도라도 리조트는 동남아시아 아니면 남태평양의 그림 같은 해변의 리조트를 떠올리게 하여 가슴이 더 부풀고 떨렸다.

부산예총회관 앞에서 오전 7시에 출발하기에 시간에 맞추어 가려면 금정구에 사는 나는 늦어도 새벽 4시 반쯤에 일어나 준비해야 한다. 여행하는 마음은 늙지도 않는지 좀처럼 푹 잠이 들지 않았다. 깨어보니 2시 반이다. 잠들었다 싶어 일어나보니 아직도 시계는 3시를 조금 더 가리키고 있다. 초등학교 소풍날 비가 내리면 어떡하나 걱정되어 마당에 나가 밤하늘의 별빛을 쳐다보던 생각이 스쳐 픽 웃고 차에서 자야지 하고 일어나 준비를 하였다.

글로써 소통하고 모인 정겨운 문인들이라 나처럼 밤잠을 설친 모습이 없고 모두 환한 표정으로 반갑게 인사를 나눈다. 교통사고로 거의 일 년을 나오지 못한 동료 시인과 동석하여 더욱 마음이 밝아진다. 달리는 차창에 며칠 전 일본을 거쳐 간 태풍의 영향으로 비바람에 씻긴 도로와 집이 산뜻하고 깨끗하게 비친다. 하늘은 푸르고 드높아 가을빛을 담았다.

전남 담양 메타세쿼이아 길에 내렸다. 약 40분간 이 길을 걷는다. 요즈음 유행하는 힐링을 하며 걷는다. 1972년 정부의 가로수 시범사업으로 조성된 아름드리 메타세쿼이아가 마주 선 숲길 같은 거리를 카메라 셔터와 스마트폰을 눌러가며 걸어간다. 나무에서 뿜어져 나오는 독특한 향기와 싸한 바람이 얼굴을 스치니 상쾌하다. 맑고 깨끗한 공기 산소, 피톤치드가 풍부한 때문이리라. 산림청과 생명의 숲이 주관한 아름다운 거리의 숲, 한국의 아름다운 길 100선에 소개된 길을 걸으며 오늘은 모두들 보약을 먹는다며 걷는다. 메타세쿼이아 길 안내서를 읽으며 즐겁게 걷다보니 40분이란 시간이 금방 지나갔다.

담양 메타세쿼이아 길을 걷는 문인들

여행에서 빼놓을 수 없는 것이 맛 기행이다. 전라도 음식이 맛있다는 말은 들었지만, 식당에서 맛나게 차린 점심의 가지 수가 셀 수 없이 많이 나와 입이 딱 벌어졌다. 이름 있는 한식요리는 모두 차린 것 같다. 아침을 거른지라 나오는 대로 모두 먹었다. 포만감에 젖어 낮잠 삼매에 빠졌다 깨어보니 어느 새 고창군 문수사 앞이다.

300년에서 500년 된 고목인 아기손 단풍나무 숲길을 올라간다. 일주문을 지나 약간 가파른 언덕길을 오른다. 세월의 흐름에 따라 이리저리 얽히고 굽은 단풍나무 고목들이 준수하게 보인다. 나무는 오래될수록 우람하고 위엄 있는 모양새를 갖추니 저절로 융숭한 대접을 받아 문화재도 된다. 인간은 늙으면 외소해지고 초라한 모습으로 변모해가니 자신도 모르게 나서기가 부끄럽고 움츠리게 됨에 무상하다. 2005년 청량산 문수사 단풍나무 숲길은 천연기념물 463호로 지정되어 국내에서 처음으로 지정된 문화재 숲길이 되었다. 어디서 날아왔는지 모를 푸석푸석한 도토리나무 낙엽을 밟고 올라간다. 아직 이른 가을이라 오색단풍의 아름다운 자태를 볼 수 없어 아쉽다. 불이문을 지나 사찰 안으로 들어섰다. 전라도의 고찰은 시멘트와 대리석으로 꾸미지 않은 고색창연한 우리 조상들의 절 맛이 있어 좋다.

문수사는 신라의 고승 자장율사가 당나라에서 귀국하는 길에 자신이 수행한 당나라의 청량산과 비슷한 석굴에서 기도를 하는데 '이곳을 파보라'는 소리가 들리었다. 파보니 문수보살상이 나와 이 산을 청량산이라 칭하고 절을 지어 문수사라 하였다. 영험한 절이라 대웅전에 들러 부처님 전에 참배하였다. 맨 위쪽에 위치한 문수전에서 아직도 발을 묻고 중생을 위해 기도드리고 계시는 문수보살님에게 절을 올렸다.

달리는 차 안에서 시낭송을 하고 문학 강의도 들으며 짱뚱어다리 앞에 내렸다. 뭉툭하게 생겨 눈이 톡 불거진 약간은 못생긴 짱뚱어가 그려진 다리 앞에서 기념촬영을 하였다. 다리 밑으로 찐득한 갯벌이 넓게 펼쳐져 있다. 자세히 내려다보니 갯벌에 여러 모양의 생물들이 지나간 자국과 물구멍이 보글보글 한다. 아~, 작은 생명들이 살아 숨쉬는 곳이다. 삶의 애착을 온몸으로 뿜어 올린다. 갯벌 위로 나무다

짱뚱어다리 위에서 갯벌을 보다

리가 길게 놓여 있다. 어느덧 어둑어둑 하루가 저물어가는 그림을 그린다. 검붉은 어둠의 햇살을 받아 거울 같은 반듯한 염전 들판이 휙휙 지나며 어둠이 밀려온다. 엘도라도리조트에 도착하였다. 어둠이 내린 뒤라 아침산책을 기약하고 정해진 숙소에서 짐을 풀었다.

일찍 일어나 방 식구들과 아침 산책을 나섰다. 사진에서 본 엘도라도리조트가 그림같이 아름답다. 꼭 해외여행을 온 것 같다. 가끔 생각한다. 우리나라 관광명소의 리조트와 콘도, 호텔들, 그 외의 모든 숙박시설이 세계화 되어 개성 없는 건축물이 되는 것 같다. 정원도 그렇고 심어놓은 정원수와 꽃도 국적불명이다. 아름다운 건지 세계화 되어 우리가 해외로 여행하고 있는지 헛갈릴 때가 있다. 깨끗하고 깔끔하게 단장된 모습이 좋아 보여도 조금은 낯선 느낌이 스친다.

리조트를 나와 동네로 접어들었다. 길옆으로 이름 모를 꽃과 풀이 뒤섞여 자라고, 고개를 치켜들고 하늘을 향해 흔들리는 억새풀이 아침햇살을 받아 눈이 부셨다. 전깃줄 위에 참새 떼가 쪼르르 앉아 우리에게 인사를 한다. 도시에서는 오래전에 사라진 풍경이라 연신 스마트폰을 눌렀다. 그뿐 아니다. 어릴 적 보았던 십자가를 꼭대기에 매단 삼각뿔 종탑이 높이 서 있었다. 정겨운 교회 종소리가 울리는 착각에 옛 추억을 보았다. 곳곳에 개발바람도 불어 펜션과 민박집 간판들이 즐비하고 짓다 만 건축자재들이 여러 곳에 마구 흩어져 있어 안타까웠다.

해변으로 접어들었다. 얼마간의 숲길을 지나고 둥그스름하게 길게 누운 아름다운 해변이 눈앞에 들어온다. 잔잔한 파도와 아침햇살

정겨운 삼각뿔 교회 종탑

을 받아 약간 뽀얀 안개가 피어오르는 넓고 푸른 바다다. 아득히 멀리 야트막한 섬들이 바다를 에워싸고 있다. 바다에 뛰어들고 싶어졌다. 물에 젖은 한없이 보드라운 모래를 한 웅큼 손에 쥐어보았다. 차디찬 바닷물과 모래가 손가락 사이에서 흘러내린다. 해풍이 짜릿하게 느껴져 정말 좋다. 먼저 온 일행들이 멀리서 산책하는 모습이 행복해 보인다. 함께한 시인들이 메모지를 들고 시를 쓴다. 조개껍질도 줍는다. 부산의 해변처럼 번잡하지 않고 자연 그대로인 고요하고 맑은 바람을 오래오래 받고 싶지만, 다음 여정에 맞추어 떠나야 함이 서운하다.

아침 증도 해변의 일부분

여정이 늦어져 어제 보지 못한 태평염전에 도착하였다. 바닷물과 햇볕과 바람이 잉태하는 하얀 물질들, 그 맛은 짜고 달콤하다. 염전에 드넓게 펼쳐진 벌판은 하아얀 소금이 아니라 붉은 양탄자와 노르스름한 녹색융단을 깔아 놓은 것 같아 마구 그 위를 뒹굴고 싶어졌다. 가까이서 보니 제법 키가 큰 식물들이다. 짠물에서 자라는 식물

융단을 깔아 놓은 듯 신비한 태평염전

들, 붉은색은 칠면조색깔을 닮았다하여 칠면초이고, 노오란 연두색 빛을 띤 식물은 함초라 하였다. 조금 꺾어 먹어보니 짠맛이 났다. 황량한 모하비사막에도 생물이 자라고 짠 소금물에도 생명체가 자란다는 사실에 자연의 적응력과 생명력이 참으로 신비하다.

소금박물관에 들러 소금의 역사와 쓰임을 공부하였다. 소금의 역사가 바로 인간의 역사였다. 세계각처에서 일어난 역사 속의 큰 전쟁은 곧 소금 전쟁이었다. 소금이 가장 중요한 전리품이었다는 사실을 배웠다. 문인들의 소금을 주제로 한 시를 읽어 보았다. 그 중에서 류시화 시인의 소금을 읽고 소금이 바다의 상처지만 우리식탁의 맛을 좌우한다는 시를 읽으며 감히 유명한 시인의 시를 어설픈 패러디로 시 한 편을 읊어 보았다.

소금이
세상의 씨앗이라는 걸
누구나 알고 있다.

소금이
바다의 가슴이라는 걸
누구나 알고 있다.

바닷물과
햇볕과
바람이 잉태한

흰색의 순수한 몸

제 몸 내어주어
만물의 씨앗이며
우주의 어머니다

세상맛의 으뜸이오
생명의 샘물이니
사람은 누구나
소금이 되고 싶다.

- 졸시 「소금」 전문

노향림 시인의 시비가 있는 압해도에 도착하였다. 바다를 배경으로 새겨진 시비 앞에서 기념촬영을 하였다. 시의 마지막 연 "그리움이 없는 사람은 압해도를 보지 못하네"의 시 한 구절의 절묘한 공감대가 관광객을 불러 모은다. 특산물인 파래김을 사기도 했다. 시인의 사명감과 문학예술의 가치를 되새기는 여정이다.

압해도를 돌아 나오다 요즈음 건강식품으로 뜨는 무화과 밭에 들러 달콤한 무화과를 한 박스씩 샀다.

해변을 따라 한참을 달리다 옆으로 보이는 곳이 목포이고 그 중간에 우뚝 선 산이 유달산이라 말한다. 순간 그리움이 문득 다가왔다. 여행을 시작하면서도 생각지 않았고 여행길 내내 묻혔던 서른여덟 해 전 여름휴가가 앞을 가로 막았다. 여름휴가를 즐겼던 젊은 날, 그해 우리부부는 광주를 거쳐 목포 유달산으로 왔었다. 너무 오랜 세월이 흘러 잊은 줄 알았는데, 생생하게 떠올라 가슴이 뭉클 울렁인다. 한창 남진의 "저 푸른 초원 위에"가 유행하던 시절이어서 그 노래와 이난영의 "목포의 눈물"이 유달산 자락에 울려 퍼졌다. 지금 같으면 소음이라고 틀지 못하겠지, 그때는 우리도 달빛 받으며 손잡고 그 노래를 따라 흥얼거리며 걸었다. 유달산 오르던 임은 저 세상에서 보고 있을까! 그때를 생각하며 시 한 편 읊어본다.

짱뚱어 다리를 지났네
천사의 섬 신안군 짠 바람 붙들고
압해도 떠나는 길목

목포 앞 바닷길 돌다
서른여덟 해를 흘러도
그대 그 자리에 있어
잊었던 그리움 한 폭 그리네

손잡고 유달산 내려오던 밤
그날은 달빛도 푸르고 향기로웠지
'목포의 눈물' 구슬픈 유행가 가락도
은빛 물결 반짝이는 파도를 타고
사랑으로 춤을 추었지

숲 바람 껴안고 둘이서 부르던 노래

이제는 뒤안길로 사라진 아련한 그림자
그리운 옛이야기로 가슴에 묻었네.

- 졸시 「증도 여행길에서」 전문

목포문학관에 들러 여류소설가 박화성, 극작가 차범석, 문학평론가 김현과 시대를 앞서 살다 가신 비운의 낭만파 김우진문학관을 보고 그분들의 문학세계를 잠시나마 살펴보는 좋은 시간을 가졌다. 우리 부산시보다 소도시인 목포문학관의 상당한 시설과 규모에 놀라고 문화공연장과도 잘 연결되어 있어 부러웠다.

목포시장 구경을 끝으로 풍성한 해산물을 한 보따리씩 안고 즐겁고 신나는 문학기행을 마감하였다. 여행은 항상 아쉽고, 행복한 여운을 남긴다.

해신당, 남근 숲의 웃음

동해안에 남근 숭배 민속이 전해오는 남근 조각 공원 해신당 앞에 내렸다. 아직 오월인데 햇볕이 무척 따갑다. 앞 광장에 해산물 파는 시장이 열리고 관광객을 실어온 차들이 즐비하다

친구들과 동해안 여행길에 두 번이나 와 본 곳이다. 공원으로 올라가지 않고 여독을 풀 겸 주변만 돌아보려다 무심코 해신당공원으로 회원들을 따라 계단을 오르고 있었다. 소나무 산책로를 오르다 넘어질 것 같아 덥석 잡고 보니 남근 조각 기둥이다. 올려다보니 피식 웃음이 튀어나왔다. 약간 민망하기도 하다. 이리 보아도 남근, 저리 보아도 남근, 조각들 제마다 다른 얼굴로 당당하게 서 있다. 어찌 이리 많은 모습으로 만들었는지. 상상일까, 진짜일까, 과연 해학적이고 볼만한 곳이다. 해신당 안주인 애랑을 모셔놓은 사당 앞에 섰다. 사당 문이 활짝 열려있다. 애랑의 영정을 모셔놓고 제단을 조성해 놓았다. 전에 왔을 때는 신당 문은 닫혀 있었다. 문틈으로 보였던 많은 남근

조각이 막대기로 미역을 엮듯 묶여져 있었다. 삼척시에서 많은 시설 보안을 한 것 같다. 해신당 전설을 찾아보니,

> ※ 애바위 전설
>
> 옛날 신남 마을에 결혼을 약속한 처녀, 총각이 살고 있었다. 어느 날 해초 작업을 위해 총각은 해변에서 조금 떨어진 바위에 처녀를 태워주고 다시 돌아올 것을 약속하고 돌아간다. 그런데 갑자기 거센 파도와 심한 강풍이 불어 처녀는 바다에 빠져 죽고 만다. 이후 이 마을에 고기가 잡히지 않자, 처녀의 원혼 때문에 고기가 잡히지 않는다는 소문이 돌게 된다. 어느 날 한 어부가 바다를 향해 오줌을 쌌더니 풍어를 이루어 돌아왔다. 그런 일이 있은 후 이 마을에서는 정월 대보름이 되면 나무로 실물 모양의 남근을 깎아 처녀의 원혼을 달래는 제사를 지내게 되었다. 지금도 매년 정월 대보름(음력 1. 15), 음력 10월 첫 오 일에 남근을 깎아 매달아 제사를 지내는 풍습이 전해지고 있다.[Daum백과] 삼척 해신당공원

처녀의 이름은 애랑이고, 총각의 이름은 덕배라 전해오고 있다. 남근 숭배 사상과 전설을 스토리로 하여 조성해 놓은 곳을 보려고 많은 관광객이 찾아온다.

소나무 아래에 서서 멀리 드넓은 푸른 바다를 바라보니 시원한 바람이 사랑 이야기를 속삭이며 들려준다. 벼랑 아래 날카로운 바위의 빼어난 경치와 푸른 파도가 넘나드는 나무 길을 따라 맑은 바닷물이 비치는 곳에 관광객이 신나게 인증샷을 누르고 있다.

함께 온 우리 회원들과 다른 여행객이 반대편을 바라보고 서서 아하~, 올라간다. 으흐흐, 내려온다. 천천히 아주 천천히~, 하며 신기한 듯 노려보며 움직이질 않았다. 나도 덩달아 그쪽을 자세히 올려다보았다. 새까만 검은색의 대포같이 생긴 커다란 물건이 화려한 꽃밭에 앉아 위에서 냇물처럼 흘러내리는 물에 씻기어 반짝이는 빛살을 쏟아내며 아주 천천히 오르락내리락하고 있었다. 모두 바라보며 한참을 비명 같은 웃음을 쏟아낸다. 오월의 따가운 햇살은 사람이 만든 이야기에 즐겁고 환하게 웃고 있었다. 시 한 편을 써 보았다.

수줍어 흘기듯
눈길 주기 망측하다
시선은 자꾸만 끌리고
뺨에 복숭아꽃 피어나다

어때, 모두가 아는 물건인 걸

먼 옛날 미역 따다 파도에 실려 떠난 애랑의 슬픈 사랑
시집 못간 한으로 동해 물고기 모두 쫓아버렸다네
화가 난 어부
쏴~ ,천둥 치듯 오줌 한 줄기 갈기었더니
사라졌던 물고기 떼 돌아왔다네

애랑의 못다 이룬 사랑, 푸른 바람이여

남근 숲 바람에 취하다 돌아보니
언덕배기 꽃밭에 앉은 엄청 큰 물건
시원한 물줄기에 씻기며
오르락내리락
반짝거린다

뒤처져 바라보던 여인들
아~, 올라간다
어허, 서서히 내려오네
신기한 듯 눈길 끌고
호호, 하하하
여인들 웃음소리 소리
꽃을 피운다.

- 졸시 「해신당, 남근 숲」 전문

눈여겨 돌아보니 여행객은 남자보다 여인이 더 많았다. 여인들의 즐거운 웃음소리가 솔바람을 타고 해신당 남근 숲을 휘돌고 있었다. 해신당을 내려오면서 남성에게 항상 홀대받아오던 옛 여인의 원한, "여인의 원한을 사면 오뉴월에도 서리가 내린다." 했다. 박해받고 숨죽이며 사는 유순한 여인도 성깔이 나면 물고기 떼도 몰아낸다는 이야기는 아닐까 생각해보았다.

촉석루에 앉아

장마철이다. 마구 쏟아지는 폭우를 맞으며 찾아간 진주 시조문학관에서 문학의 향기로 노년을 보내는 따뜻한 분과 한 점의 인연을 맺었다. 점심 대접까지 받고 나오니 폭우가 그친 진주성 입구가 깔끔하고 싱그러운 모습으로 맞아준다.

초록의 향연을 펼치는 진주성 안의 넓은 뜰을 걸어서 논개 사당인 지수문을 찾아 영정을 모신 의기사 안 영정 앞에 서니 저절로 고개가 숙여졌다. 왜장을 껴안고 강물로 뛰어든 그 용기가 가녀린 저 몸매 어디에서 나왔을까 지순한 나라 사랑 앞에 경건한 묵념을 올렸다.

지수문 계단을 내려와 밖으로 나오면 바로 촉석루와 마주한다. 비가 내려 출입금지라 적혀있던 팻말이 신발을 벗고 누각을 올라가도 된다는 팻말로 바뀌어 있어서 반갑다.

촉석루矗石樓의 촉矗은 곧을 직直자를 세 개 합성하여 만든 글자다. 그러니 똑바르고 곧다는 뜻이다. 돌석石자 누각 루樓이니 똑바른 바위 위에 서 있는 누각이라 절개를 지키는 의미를 품고 있다. 직설적이고 바른 말 잘하는 사람을 촉 바른 사람이라 한다. 촉석루의 이름이 곧고 바른 충절을 뜻하니 후대에 나라를 구하려 왜장을 껴안고 남강에 몸을 던진 충절의 여인, 의암 논개의 사당이 모셔지게 되었나 보다.

촉석루의 유래는 촉석성이란 진주 읍성의 옛 이름에서 비롯하기도 하고 남강의 바위 위에 솟아있는 모양을 본떠서 붙인 이름 또는 촉석산에서 돌을 캐어 누각을 지었다는 정확하지 않는 여러 설이 있다.

고려 공민왕 때 세워져 일곱 번의 중수를 했으며 남장대 또는 장원루라 불렀다. 전쟁할 때에는 장군의 지휘소였고 평시에는 향시를 치르는 시험장으로 쓰였다. 현재의 건물은 6 · 25사변으로 완전히 파괴된 곳을 1960년에 원형대로 복원한 곳이다.

남원의 광한루와 밀양의 영남루와 함께 우리나라 3대 누각에 속한다.

여러 번 왔지만, 문학기행을 오니 누각 모습이 다르게 보인다.

둥글고 하얀 돌기둥 주춧돌 위에 정면 5칸 측면 4칸의 팔작지붕의 웅장한 누각이 압도하듯 우리를 내려다본다. 계단을 올라가니 넓디넓은 마루와 사방이 탁 트인 망루다.

둥둥 북소리와 말발굽 치달리는 의병들의 고함이 사방으로 퍼져간다. 조선시대 유생들이 의관을 정제하고 과거시험의 초시인 향시를 치르는 환영에 빠져본다. 경상도 양반이 자제들이 중앙관직으로 향하는 향시를 치르는 엄숙한 기운이 감돌아 온몸이 짜릿하다. 지금도 이 시대의 향시 준비에 많은 젊은이가 노력하고 있다. 사람 사는 세상 방식은 예나 지금이나 크게 다를 바가 없는 것 같다.

선명한 오색단청을 입힌 전통 건축물을 올려다보니 주랑 사이에 옛 풍류객들이 읊은 시가 걸려있고 "영남 제일 형성嶺南 第一 形勝" 이라 쓴 현판이 눈앞을 가로 막는다. 확 트인 사방을 둘러본다. 눈앞에 펼쳐진 경관은 누가 보아도 현판에 새겨진 글귀처럼 영남에서 제일 빼어난 경관이다.

우리 일행은 망루의 한 곳에 자리를 잡고 앉았다. 오전에 비가 많이 내려서 관광객이 많지 않아 마치 우리가 촉석루를 전부 전세 낸 것 같은 호사를 누린다.

폭우가 지나간 뒤 유월의 훈훈하고 상큼한 기운이 살갗을 쓰며 든다. 춥지도 덥지도 아니하고 그렇다고 촉촉하거나 건조하지도 않는 신선한 바람이 온몸을 간질이니 기분이 좋다. 이럴 때 나는 깊은 숨을 마시며 눈을 감고 고개를 재치고 팔을 벌려서 자연이 베푸는 최상의 사랑을 즐긴다.

비가 내려 더욱 맑고 깨끗한 경치를 보며 함께한 문인들의 깜짝 백일장이 열렸다.

시야를 멀리 강변으로 돌리니 남강 강변 따라 우거진 나무들이 초록빛 잔치를 열어 분주히 살랑거린다. 숲 내음과 취하도록 뿜어내는 향긋한 꽃향기에 흔들리고 굽어진 산책로가 방금 세수를 하고 나온 여인네 얼굴처럼 청순하고 정겹게 펼쳐있다.

설사 시인이 아니라도 한 수의 시를 읊어볼 만한 곳이다. 시인들이 왔으니 어찌 그냥 가겠는가. 모두 나름대로 시상에 잠겼다.

"신선이 어디 따로 있으랴. 좋은 경치 감상하고 마음 맞는 벗들과 한 수의 시를 읊으면 신선이 되고 시성詩聖도 되는 거지…."

잠시 세상살이 근심 욕심 내려놓고 오직 시심에 빠져드는 문인들의 맑고 푸른 마음을 읽는다. 좋은 글이 어디 있느냐 향기 담은 맑은 마음을 풀어쓰는 저들이 훌륭한 시인이고 문장가가 아닐는지….

난간에서 내려다보니 '의암으로 내려가는 길' 팻말이 보이고 붉은 대문은 남강으로 열려 있다. 몇 해 전에 왔을 때는 강변과 촉석루 사이에 담장이 없어 바로 남강이 흘러가는 경치를 바라볼 수 있었다. 논개가 다섯 손가락에 낀 옥가락지로 왜장을 껴안고 뛰어내린 의암바위도 촉석루에 앉아 볼 수 있었는데, 이제는 담장에 가려 보이지 않는다. 그 시절 경관이 좋았는지 지금의 모습이 좋은지 헷갈린다.

진양호를 향해 달리는 차창 밖으로 스치는 진주성을 맞은편에서 바라보는 아름다운 전경이 어스름히 빛을 발하는 해 질 녘과 맞물려 낭만 속으로 젖어든다.

의암 논개를 위시하여 한 맺힌 삶을 살다간 조선시대 여성과 여성 문인들을 생각해본다. 남존여비의 핍박 받은 시대에 태어나지 않음이 얼마나 행운인가. 남성들의 전유물이었던 문장과 시를 마음대로 펼칠 수 있는 좋은 시대에 태어나서 여성문인들끼리 문학기행을 하는 오늘은 참 즐겁고 행복한 하루다.

제4부

발칸 여행 노트

발칸 여행 노트

자정을 조금 넘긴 시간에 눈을 떴다. 다시 잠을 자기는 틀렸다. 이 시간이 가장 정신이 맑아 어떤 일을 해도 피곤하지 않고 기분이 좋다. 책을 읽을까, 컴퓨터 앞에 앉아 글을 써볼까 하다 제일 편한 티브이를 켰다.

홈쇼핑 채널에서 발칸반도 9개국 여행상품을 팔고 있다. 좋은 여행상품이 있으면 함께 가자고 약속한 친구에게 자정이 훨씬 넘었어도 전화를 걸었다.

어떤 이가 말했다. 여행은 "천국을 경험하는 짜릿한 행로다." 그 유혹을 끊지 못해 또 캐릭터카를 끌고 나섰다. 나이도 잊어버리고 여행을 떠난다.

10시간의 비행을 하고 아부다비 비행장에 내려서 3시간, 다시 6시간 반을 날아서 독일의 뮌헨공항에 내렸다. 버스로 우리나라 고속도로 역사가 된 아우토반을 달려 오스트리아를 거처 첫 여행지 슬로베니아의 블레드로 향한다. 달리는 차창 밖으로 유럽 특유의 숲길 가로수가 5월의 샛노란 유채 밭 행렬과 어울려 눈이 부시다. 여러해 전 5월의 새벽에 런던 근교의 디드코트로 가는 길은 온천지가 샛노란 유채 밭이었다. 제주도의 유채 밭 밖에 몰랐던 나에게 어린 손자가 "할머니, 여기는 천국"이라 말했을 때의 기억이 살아났다.

가이드가 발칸반도의 역사를 설명한다. 역사 시간에 공산주의의 위성국가로 배웠던 나라들이다. 우리나라와 교역은 얼마 되지 않았다. 1, 2차 세계대전의 소용돌이에서 벗어나려는 이곳 사람들의 생활과 문화도 들려주었다.

베토벤의 교향곡 5번 '운명' 콰과과쾅~~으로 시작하는 음악을 들려주니 더욱 감상에 젖어들었다. 세상을 향해 문을 열기 시작한 발칸반도가 다가온다. 얼마 전 눈이 내려 하얀 은빛을 발산하는 먼 산꼭대기를 바라보며 행복한 여행을 즐긴다. 산등성이의 푸른 들판에 검붉은 통나무집들이 스쳐지나니 알프스 산악이다.

발칸은 참으로 먼 곳이다. 앞으로 직항이 생긴다면 고생을 덜 하겠지. 내일부터 시작될 미지의 세계를 꿈꾸며 잠을 청했다.

긴 여정 피곤함에 단잠을 잤다. 아름다운 새소리에 일어났다. '삐보 삐보 비역삐역~~.' 얼마 만에 들어보는 아름다운 노래인가. 이름을 알 수 없는 새들이 자연의 노래를 들려준다. 베란다 창문을 여니 부슬부슬 비가 내린다. 쑥쑥 솟은 전나무들 사이로 펼쳐진 넓은 초록 벌판이 확 들어오고 싱그러운 바람에 가슴이 후련하다.

버스로 첫 여행지인 슬로베니아의 블레드로 향한다.

슬로베니아는 세르비아, 크로아티아, 슬로베니아(일명 베오그라드)이었다. 2차 세계대전 후 사회주의 연방국이 되었다. 1991년 유고슬라비아 연방국의 해체로 내전을 거쳐 독립된 국가다. 우리나라보다 북한과 먼저 교역한 국가다.

블레드성은 13세기 신성 로마시대의 도시다. 알프스의 빙하가 녹아 흘러와 형성된 알프스의 진주라 불리는 호숫가에 내렸다.

드넓은 호수 가운데 작은 섬의 산꼭대기 절벽 위에 동화에 나올법한 아름다운 성이 우리를 부른다. 성모승천 성당인 블레드 호수의 성이다.

붉은색 천막지붕인 예쁜 나룻배를 타고 성으로 간다. 난간에 세 사람이 앉을 수 있어 6명이 정원이다. 배가 흔들려서 물에 빠질 것 같아 조마조마 했었다. 자연보호를 위해 전기모터 대신 노를 젓는다. 이곳 사람들은 아름다운 블레드 호수를 사랑하는 지킴이다.

뱃사공은 20대 초반의 미남 청년이다. 인상이 참 친절해 보였다. 일행 중 한 분이 어찌 젊은 청년이 힘든 뱃사공을 하느냐 물었다. 집안의 가업이라 한다. 할아버지 아버지에 이어 3대째라며 자부심이 대단했다. 나라에서 지정한 가문에서만 배를 띄울 수 있단다. 힘들지 않느냐 물었더니 힘은 들지만, 자랑스럽다며 겨울이 되면 호수가 얼어 일이 없으니 세계여행을 하며 세상을 배운다 했다.

뱃사공 청년의 이야기에서 우리나라의 부모들과 다른 삶의 가치관을 배웠다.

성 안에는 유물을 전시한 박물관과 와인 숍, 레스토랑이 있었다.

성벽 전망대에서 멀리 블레드 성을 본다. 내전을 겪었다는 인상과는 달리 평화롭게 보인다. 현재의 수도인 류블랴나로 향했다.

프리세레노프 광장과 성 프란체스카 성당

류블랴나의 중심광장인 프리세레노프 광장에 내렸다. 독립 운동가이며 국가를 작사한 국민시인 프레세랜의 청동조각 동상 앞에 섰다. 프레세랜 광장이다. 시인이 추앙받는 멋진 나라다.

동상을 자세히 보면 머리 위에 부조물인 천사상이 있다. 시인이 평생을 짝사랑한 여인 율리랴다. 동상이 바라보는 방향을 따라가면 광장 남쪽에 율리랴가 프레세랜을 애잔한 눈빛으로 바라보는 조각상이 노란 건물 벽에 새겨져 있다. 이들의 슬픈 사랑 이야기가 마음을 울렸다. 맞은편에 성 프란체스카 성당이 핑크빛 건물로 앉아 있다. tvn 방영중인 드라마 '마이디어 프랜즈'에서 고현정이 이 성당에서 결혼하자는 조인성의 연락을 받고 만나러 뛰어가는 배경으로 등장하는 성당이다. 조인성이 마주 오는 차에 사고를 당하여 장애인이 되고 사랑하지만, 고현정은 떠난다. 작가가 프레세랜과 율리랴의 이루지 못한 사랑 이야기에서 힌트를 얻어 배경으로 삼은 건 아닌지….

트리플 브릿치

류블랴나는 류블랴나 강변을 따라 형성된 도시다. 양쪽 강변을 이어주는 여러 개의 다리가 있다. 그 중 프레세랜 동상 옆에 세 개의 다리가 있다. 트리플 브릿지다. 보행자의 편의를 위하여 건설한 세 개의 다리가 이리저리 얽혀있어 좀 복잡하고 어지러워 보였다. 그래서 유명한 다리가 되었을까. 다리를 배경으로 관광객이 연신 셔터를 눌린다. 다리 앞에서 친구와 젊은이들의 흉내를 내며 두 팔을 번쩍 올려서 만세를 부르는 폼으로 사진 한 컷을 눌렀다.

자그레브

크로아티아의 수도 자그레브로 이동하였다. 오랫동안 오스트리아와 헝가리제국의 지배를 받았다. 발칸에서 제일 물가가 비싼 곳이다. 해 질 녘에 구 시가지에 내려 급하게 이동하는 대열을 따라간다. 골목 안에 1731년에 대 화재로 성당이 모두 소실되었지만, 성모마리아가 아기예수를 안고 있는 그림만 불타지 않아서 이곳의 수호성인이 되었다. 그 앞에 꽃을 들고 소원을 빌러온 많은 신도 행렬이 끝없이 이어져 있다. 소원을 이루고 싶은 마음은 동서양이 따로 없구나. 빨간색 모자이크로 된 지붕의 성 마르코성당 앞에 섰다.

지붕의 모자이크 왼쪽은 크로아티아 최초 왕국인 슬라보니아-달마티아 왕국의 문양이다. 오른쪽은 현재 자그레브 시의 문양이 새겨져 있다.

성당광장에서 나와 중심거리로 들어서니 도로를 모두 파헤쳐 공사 중이다. 4㎞에 이르는 넥타이 쇼핑이 유명한 곳이다.

17세기 루이 14세가 크로아티아의 군인들이 매고 있는 스카프가 마음에 들어 비슷하게 매기 시작한 것이 변형하여 유럽으로 번져나가 남성정장의 필수품인 넥타이가 되었다. 이곳에 오면 기념품 넥타이를 사야 되는데, 공사 때문에 살 수 없어 서운하였다.

어스름 저녁 샛길을 올라 성벽을 지났다. 초기 기독교 순교자 14인 중 한사람인 게오르기우스 동상이 있다. 게오르기우스는 인간의 제물을 원하는 드래곤을 물리친 영웅이다. 그러나 로마황제 디오클레티아누스의 미움을 받아 기독교 박해에 참형을 받았다.

다시 자그레브 광장으로 오면서 시장도 지나고 반 옐라치치 동상 앞에 섰다. 반 옐라치치는 크로아티아 독립을 이끈 전쟁 영웅이다.

자그레브 대 성당은 뾰족한 쌍둥이 고딕 양식의 탑이 특징이다. 잠깐 성당 안을 구경하고 근처 식당에서 늦은 저녁식사를 했다. 숨 가쁘게 이동해야 하는 패키지여행에서 여정을 정리하자니 숨이 가쁘다.

내일은 오전 9시에 출발하여 플리트비체로 간다. 발칸 여행에서 제일 기대되는 곳이기에 가슴이 설렌다. 사진과 동영상에서 본 플리트비체의 옥색빛깔의 맑은 호수들, 수풀 사이사이로 흘러내리는 폭포를 보며 아마 천국이 있다면 저런 곳일 거라는 환상이 여행으로 이끌었다. 젊은 나이에 중앙아시아와 유럽 정복을 꿈꾸다 요절한 정복의 왕 알렉산더대왕의 나라 마케토니아, 그밖에 불가리아, 알바니아 등등.

그리그의 솔베이지의 노래 선율이 흐른다. 지금 이 시간에 딱 어울리는 선율이다. 가이드는 항상 좋은 음악으로 여행의 낭만에 빠져들게 해주었다.

기대가 크면 실망도 크다

하나, 플리트 비체

수풀은 다양한 색깔의 초록 옷을 입었다. 높은 절벽 위로 하얀 물보라를 피우며 크고 작은 폭포수가 마구 떨어진다. 그 폭포를 쳐다보며 나무다리 위를 걸어가는 여행객의 사진이 크로아티아의 국립공원인 플리트 비체다. 아름답고 신비한 풍경 사진 한 장이 나를 발칸반도로 불렀다.

호텔에서 2시간 30분가량 가야 하는 플리트 비체로 향한 마음은 벌써 꿈꾸는 천상의 비경으로 날고 있다. 날씨는 잔뜩 흐리다가 개이고를 반복한다. 하얀 바위산이 기기묘묘하게 펼쳐진다. 석회암 산이다. 플리트 비체는 카르스트 지형에 빗물과 바닷물이 땅 위로 흐르면서 빚어낸 곳이다.

물에 잘 녹는 석회암의 성질 때문에 지반이 약하여 웅덩이가 생기면서 여러 개의 크고 작은 호수가 생겨났다. 석회석이 녹아 형성된 호수의 바닥은 석회로 에메랄드빛과 아름다운 비췻빛을 띠며 하얗게 들여다보여 깊은 곳도 얕게 보이고 호수 속까지 훤히 볼 수 있는 멋진 풍경을 이룬다.

비가 내리는 차창 밖으로 드넓은 벌판과 가로수들이 낯선 풍경으로 자리매김을 한다. 휴게소에도 비 때문에 편하게 내릴 수 없는 우리를 위하여 가이드는 노르웨이의 작곡가 그리그의 솔베이지 송을 들려준다. 고즈넉하고 애잔하게 흐르는 선율을 따라 노래에 얽힌 슬픈 사랑 이야기가 흐른다. 방랑의 길을 떠난 페르 귄트는 늙어서 지친 몸으로 애타게 기다리던 애인 솔베이지가 있는 고향으로 돌아온다. 백발이 되어서야 상봉한 그녀의 무릎에 엎드려 평화로운 죽음을 맞이한다. 솔베이지의 슬픈 사랑, 사랑은 누구에게나 슬프고 긴 기다림이다. 북유럽 여행에서 본 아름다운 꽃동산 속의 그리그 박물관 풍경을 되새기니 창틀에 흐르는 빗물마저 낭만적이다.

비가 부슬부슬 내리는 공원 입구에 내렸다. 많은 여행객이 차례를 기다리고 있다. 현지 가이드를 따라 들어가니 전망대 위다. 발아래에 공원의 산야와 호수가 옅은 구름과 안개가 걷히며 서서히 민낯을 드러낸다. 그다지 멀지 않은 곳에 사진에서 보았던 여러 폭포가 수풀 사이로 흰 물거품을 뿜으며 흘러내린다. 와~, 병풍 속 한 폭의 수채화다. 안개가 걷히기 시작하니 폭포수 아래로 나무다리의 굽잇길이 길게 놓여 있다. 저곳에 내려가면 사진 속에서 보았던 그 아름다운 풍경을 볼 수 있을 것 같다. 하필 지금 비가 많이 내려서 위험하므로 출입금지구역이 되어 내려갈 수 없단다. 손에 잡힐 듯 보이는 신비한 풍경을 가까이 갈 수 없는 안타까움에 실망이 컸어도 멀리서 바라보는 것으로 아쉽지만 만족해야 했다. 많은 시간과 비용을 들여서 온 곳인데 하는 생각의 미련을 떨칠 수 없었다.

세상의 모든 일을 하고 싶다고 다 할 수 있고 보고 싶다고 모두 볼 수 있는 게 아니지 않은가. 사랑이 슬픈 기다림이듯이 모든 일에는 인연이 있고 환경과 여건이 허락해야만 이룰 수 있다는 체념을 하였다.

트래킹 코스를 따라 산책을 했다. 가면서 호수도 만나고 호수 위로 다니는 배를 타고 선착장에 내려 주위의 경치를 감상했다. 순수한 자연 그대로의 크고 작은 호수와 환히 보이는 수면 밑의 흔적들, 주위의 아름다운 경치에 취해보았다. 그래도 가이드북에서 본 경치를 날씨 때문에 놓쳐 아쉬웠다. 떠나기 전 꿈꾸었던 환상의 경치는 아니었다. 패케이지 여행이라 찬찬히 볼 수 없어 더 좋은 곳을 놓쳤는지 아쉽다.

둘, 바다 오르간의 해변 자다르

바다에서 오르간 선율이 들린다는 자다르로 향하였다. 가는 동안 내내 비가 내렸다. 비를 주제로 한 음악을 들려주니 괜히 우울한 감상에 빠져든다.

고대 로마 시대부터 형성된 도시 자다르에 바다 오르간이 있다며 그 소리를 들으러 가고 있다. 파도 소리가 어찌 오르간의 선율로 들릴까. 어부들을 유혹한 로렐라이 바위의 인어 요정이 불렀던 전설 같은 아름다운 노래를 들을 수 있을 것 같은 상상을 하였다. 마침내 바다 오르간 소리가 들린다는 바닷가에 내려주었다. 바로 신비한 오르간 선율이 들릴 것을 생각을 하고 내렸더니 넓은 바닷길을 따라 조성해 놓은 광장이었다. 비가 내릴 듯 잔뜩 찌푸린 바다와 파도소리만 넘실거렸다.

가이드의 설명을 들으며 해안 광장에 설치한 계단에 앉았다. 우리가 앉은 자리가 설치미술가 니콜라 비사치의 작품 안이란다. 그는 '태양의 빛과 바다 오르간' 작품을 자다르 바닷가에 설치하였다. 해안가에 설치한 계단을 파이프 오르간의 형태로 제작하여 계단과 계단 사이에 원통형의 빈 공간을 뚫어 바닷물이 바람과 파도에 밀려와 넘나들며 오르간 선율을 내게 하였다. 관광객은 계단에 앉아 넓게 펼쳐진 바다 위로 반짝이는 태양에 취하고, 파도 소리를 오르간 선율이라 귀를 쫑긋 세우고 듣는다. 바다가 들려주는 음악에 몸을 맡기며 지구 건너편 고향 땅을 생각하며 보헤미안의 낭만에 젖어 보아도 초등학교 시절 선생님이 연주하시던 그 은은한 오르간 선율은 들리지 않았다.

발상이 참으로 기특하고 신비하다. 창조적 발상이 지구 건너편 관광객을 불러들이는 창조 경제일 거라 생각해본다.

기대가 크면 실망도 크다는 말이 맞다. 플리트 비체와 바다 오르간 자다르 관광에서의 느낌이다. 여행에서뿐이랴. 사회생활을 하면서 바랐던 마음, 자녀에 대한 기대, 미래에 대한 동경 등등. 어느 것 하나 자신의 희망을 채울 만큼 이루어진 게 있었던가. 그래도 늘 희망과 동경에 목숨을 걸고 달려온 우리가 아니었던가.

발칸 여행에서 슬픈 사랑의 기다림을 생각하고 세상의 모든 일이 뜻대로 되지 않을 때에 참을 수 있는 힘과 바다 오르간의 독특한 발상으로 자연을 감상하는 방법을 배웠다.

포스토이나 석회암 동굴

슬로베니아 관광의 하이라이트인 포스토이나 석회암 동굴은 세계에서 두 번째로 크다. 동굴열차를 타고 들어간다. 얼마나 크기에 열차를 타고 들어갈까! 기대가 되었다. 첫 번째 동굴은 미국에 있다 한다.

포스토이나 석회암 동굴 입구

석회암 동굴은 석회암(카르스트 Karats)에 빗물과 지하수가 흐르면서 화학적으로 풍화되어 수천억 년 동안 형성된 곳이다. 석회석이 천장의 틈새로 흘러내리다 생긴 고드름 모양의 돌을 종유석이라 한다. 밑에서부터 올라온 죽순처럼 생긴 돌은 석순이고, 종유석과 석순이 만나 기둥으로 이어지면 석주라 한다. 종유석, 석순, 석주가 빚어낸 자연이 만든 신비한 조각 동굴이다.

5월이지만 한낮 온도는 섭씨 30도, 무더운 날씨다. 동굴 안은 섭씨 8도라며 가이드는 겨울옷 입기를 권하였다.

동굴 광장 입구에 세계 각국의 국기가 게양되어 있다. 우리나라 국기도 있어 반가웠다. 많은 관광객으로 떠들썩하고 북적거린다. 입구에서 입장권과 우리말 오디오 수신기를 주면서 동굴 안에서의 수칙도 일러준다. 이곳에서 우리말 설명기계를 받다니 정말 기분이 좋았다. "꽃보다 누나"의 여행이 있었던 뒤에 생겼단다. 방송프로그램의 위상이 대단하다. 우리말 설명을 들으며 구경을 할 수 있으니, 동굴 안 구경을 제대로 할 수 있을 것 같다.

어둑한 동굴 안으로 한참 걸어가 열차정류소에 서니, 많은 관광객이 다투어 열차에 오르고 있었다. 두 사람씩 앉을 수 있는 안전띠도 지붕도 없는 석탄수송 차처럼 생긴 긴 열차가 도착하는 순서대로 태웠다. 한꺼번에 200명씩 수송하는 열차는 끊임없이 움직였다.

동굴 전체의 길이는 20㎞가 넘고 개방된 곳이 약 5㎞라니 정말 대단하다. 둘러보는 데 1시간 30분가량 걸린다. 허술한 기차가 동굴 안을 빨리도 달렸다. 약 5분쯤 달려서 내려준다. 여기서부터 걸어서 탐

방을 한다. 구간마다 방 이름이 있고, 아라비아숫자로 쓴 번호가 있다. 우리는 수신기를 들고 앞 사람을 따라가면서 보이는 번호를 누르면 자세한 우리말 설명을 듣고 구경할 수 있다.

눈앞에 펼쳐지는 수억 년 세월의 흔적과 각가지 비경이 놀라울 뿐이다. 다이아몬드 방. 화이트 방, 파이프 오르간 방, 스파게티 방 등 동굴 안 천장이 보석처럼 찬란하게 빛을 발산한다. 형상과 특징을 잘 잡아 이름도 다양하게 부르니 신비한 모습을 보고 익히는 데 도움이 되었다.

그랜드 브리지, 러시아 브리지로 명명된 다리도 있다. 러시아 브리지는 2차 대전에 참여한 러시아 군인들이 건넜기에 붙여진 이름이란다. 파이프 오르간 모양의 원통형으로 뻗어 올라간 반짝거리는 기둥에서 은은한 음악이 흐른다. 감미로운 선율에 다리가 가볍고 행복해졌다.

스파게티 방에 도착하였다. 둥글고 높은 천장에서 가느다란 면발을 커다란 국수틀이 뽑아내듯 희고 붉은색으로 마구 쏟아지며 흘러내린다. 아는 만큼 보인다는 말이 맞다. 스파게티를 먹는 유럽인은 스파게티로 보일 것이다. 국수를 먹고 자란 내 눈에는 거대한 국수틀에서 뽑혀 나오는 굵고 약간 누런빛이 도는 우리 밀국수와 올챙이국수 다발로 흘러내리니 신기하고 놀라워 입을 다물 수 없다.

석회암 틈새로 흘러 들어간 빗물이 어떻게 보석으로 태어나 빛나는 거대한 조각품을 이리도 많이 빚어 낼 수 있는지…. 말과 글로써 도저히 표현하기 힘든 곳이다. 인간이 범접할 수 없는 신의 경지를 훔쳐보는 놀라운 광경이다.

관광객이 엄청 붐비고 복잡하여 구경을 마치면 정류장에서 가이드를 만나 단체로 움직이기로 했다. 화장실에서 나오니 기다리기로 한 장소에 친구가 없다. 친구는 나를 찾고 나는 친구를 찾아 헤매었다. 서로를 위하는 마음 때문에 법석을 떨어 이번 여행의 해프닝 한 페이지를 연출했다. 단체 관광은 시간을 잘 지켜야 다른 사람에게 피해를 주지 않는다. 짧은 시간이었지만, 마음을 심하게 졸였다.

일만 명을 수용할 수 있다는 큰 콘서트홀도 있었다. 지금은 종유석이 상할까 공연을 그만 두었지만, 필하모니 오케스트라와 엔리코 카루소가 연주와 노래를 했던 곳이란다. 동굴 안에서 연주를 들으면 얼마나 환상적일까. 한 시간 반을 다른 우주 공간에 있다 나온 듯하다.

나오는 길목은 온통 기념품 가게다. 동굴 안에 산다는 연한 핑크색의 다리가 넷인 도롱뇽처럼 생긴 스킨피시의 기념품이 특히 많이 진열되어 있다. 사람처럼 생겼다 하여 휴먼피시라 불리기도 한다. 눈은 이미 퇴화되었으며, 동굴 안 미생물을 먹고 산다. 사진을 보니 벌거벗은 도마뱀 새끼처럼 보여 징그럽게 보였다. 가이드가 동굴 안에 있는 수족관에서 휴먼피시를 볼 수 있다며 찾아보라 했지만, 눈을 부릅뜨고 보아도 보이지 않았다. 정말 있기나 할까. 함께한 우리 팀 여행객 중에 아무도 본 사람이 없단다.

이곳에서 용의 새끼라 부르는 영물이며 상징물이다. 생각과 시각의 차이가 엄청난 것 같다. 용은 위대한 영물임에 틀림없는 것 같지만, 마음이 내키지 않아 마그네틱 스티커로 된 휴먼피시를 구입하지 않았다. 지금 생각하니 한 개 사 올 걸 하는 후회도 된다.

유명한 영국의 조각가 헨리 무어가 “세계에서 가장 경이로운 자연 미술관”이라 하였다더니 신의 손이 아니면 조각할 수 없는 신비롭고 경이로운 자연 그대로의 조각 공원을 구경했다. 석회암 동굴공원은 더는 구경하지 않아도 될 것 같은 엄청 신비한 동굴을 보았다.

TV프로그램 중에서 세계여행 프로를 즐겨 시청한다. 드넓은 우주 공간에서 아주 작은 행성 중의 하나인 지구에 자연이 만든 신기하고 비밀스러운 조각품과 경치가 곳곳에 헤아릴 수 없을 만큼 많이 있다. 그곳을 모두 관광하고 싶어도 그리할 수 없으니 채널만 돌린다. 실제로 가는 것만큼은 못해도 지구의 굉장한 모습을 느껴 볼 수 있는 시대에 태어나 화면으로나마 느낄 수 있음이 행복하다.

아, 거대한 폭포의 물 이과수

브라질 이과수

어제 저녁에 비가 왔으나 아침은 맑고 쾌청한 날씨다. 여행에는 날씨가 일조해 주어야 한다. 비가 내릴 것 같다는 일기예보가 있었지만, 비껴 주어서 고맙다. 특히 폭포 여행에 비가 내리면 최악의 상황인데 반갑다.

듬직한 40대 이민 2세의 남자 가이드가 맞아준다. 다른 직업도 있고 가이드도 한다며 자기소개를 하였다. 언젠가 아들이 21세기는 한 가지 직업만으로 살 수 없고 두세 가지 직업을 가져야 잘 살아갈 수 있는 시대라더니 수긍이 되었다.

이과수는 브라질과 아르헨티나 두 곳을 모두 보아야 완전한 관광이다. 내일은 아르헨티나 이과수로 간다.

달리는 차창 밖으로 키가 엄청 큰 야자 가로수와 이름 모를 열대우

림이 울창하다. 영화 화면에서 보았던 밀림 속을 달리는 기분이다.

매표소 입구에 내렸다. 관광버스가 줄지어 서 있다. 건물 벽에 쓰인 IGUAZU 앞에서 기념사진 촬영을 하였다. 요즈음 원어로 '이구아수' 로 발음하는 곳이다,

이과수는 원주민 과라니 족의 언어로 "큰물"이라는 뜻이다. "IGU=물, AZU=감탄사"로 세차게 떨어지는 물소리를 의성어로 표현한 말이다. "아, 거대한 폭포의 물"이 이과수란다. 한 개의 폭포가 아니라 약 275개가 숨어 있는 폭포지대다. 드디어 소원했던 이과수를 구경하는구나 생각하니 멀고도 먼 길을 날아온 감회가 깊어진다.

1939년 개장하였다. 본래 개인 사유지였다. 큰 산과 폭포 모두 개인소유였다니 믿기지 않았다. 그분이 헌납하여 주립공원으로 되었다가 현재는 국립공원이다. 개인재산을 선뜻 내놓은 분이 대단하다.

입구로 들어가니 줄지어 선 버스가 관광객을 실어 나른다. 우리는 타고 온 밴을 타고 국립공원 안으로 달려간다.

길 양편으로 밀림 정글 같은 숲이 우거져 있다. 간간이 길가에 새끼사슴들이 뛰어나와 인사를 한다. 표범, 곰 같은 무서운 짐승이 나올 것 같다 했더니 정말 정글의 맹수들이 사는 곳이란다. 도로 옆에 자전거 길이 있다. 자전거로 여행하다 맹수의 밥이 될 수도 있을 텐데, 왜 만들었을까 싶다.

6㎞를 달려 멀리 몇 줄기 폭포가 보이는 입구에 내렸다. 나이아가라폭포보다 못한 듯 보여 약간 실망스러운 생각이 들었다.

폭포 입구에서

가이드를 따라 많은 관광객 사이를 헤집으며 걸었다. 물소리가 조금 들리기 시작하더니 어느 순간 우렁차게 떨어지는 폭포 소리에 귀가 멍멍해진다. 거대한 폭포가 연이어 색다른 얼굴로 마주친다. 대자연의 장엄 앞에 한없이 작아지며 조금 실망했던 마음이 부끄럽다.

엷은 비닐 비옷을 받아 입고 계단을 따라 오르내리고 나무다리를 밟으며 물보라가 소나기처럼 쏟아지는 물을 흠뻑 맞아도 즐겁다.

황갈색의 혼탁한 폭포수가 태산같이 덮치며 떨어지는 곳에 영롱한 빛깔의 무지개가 선명하게 환영인사를 한다. 아~, 하는 감탄사가 절로 나왔다.

엘리베이터를 타고 전망대에 올랐다. 멀리 내려다보이는 움푹 파인 엄청난 폭포의 물구덩이가 유명한 "악마의 목구멍"이란다. 아르헨티나에서 보면 더욱 장관이라니 내일이 기대된다.

폭포를 마중하는 다리 위

무섭게 떨어지는 폭포 속으로 새까만 점들이 띄엄띄엄 춤을 추듯 날아다닌다. 처음엔 무엇을 잘못 본 것인가 했더니 새들이 고공비행하며 폭포벽 안으로 들락거리고 있었다. 그 안에 그들의 안식처가 있어 새끼들이 먹이를 기다리고 있는가 보다. 거칠게 떨어지는 폭포를 뚫고 겁 없이 드나드는 저 새들이 목숨을 담보로 하여도 아깝지 않은 부모의 자식 사랑을 실천하는 사람과 다를 바 없다는 생각을 하며 한참 동안 바라보았다. 이름을 알 수 없는 새를 어떤 이는 '검정칼새' 라 했다. 자연의 생태계가 알 수 없는 힘으로 움직이는 신비한 기운을 훔쳐 본 것 같다.

약 3시간의 구경을 마치고 폭포 상류에 있는 대형식당에서 늦은 점심을 먹었다. 뷔페식 식당에는 다양한 요리가 가득하여 다 맛볼 수는 없다. 역시 브라질은 음식이 풍족한 나라다.

까만 새들이 폭포벽을 드나드는 곳 전망대 위에서

식당에서 바라보는 강은 고요하고 순하게 흐른다. 아름다운 숲으로 단장한 강물이 미녀같이 부드럽고 평화롭다. 저 물이 어느 순간 폭군 같은 사나이로 돌변하고 건장한 장군으로 수많은 군사를 호령하듯 쏟아내는 거대한 폭포군락을 이룬다니 믿기지 않는다. 거칠고 무서운 것이 때로는 아름답게 보인다. 한 발자국 잘못 디디면 황천길로 떨어질 아슬아슬한 모습을 보며 감탄한다. 언제 무슨 일을 맞이할지 모르는 미래를 향하여 살아가는 우리가 영원한 유토피아가 기다리고 있다 믿으며 저 까만 새처럼 날고 있다.

보트를 타고 이과수를 느끼다.

덮개 없는 관광열차를 타고 열대 우림 안으로 들어간다. 비수기라는데 관광객이 꽤 많다. 성수기는 많은 관광객으로 기다리는 시간이 무척 힘들다. 맹수가 나올법한 숲길을 지나 선착장 안내소에 내렸다. 기념품 가게에 신발과 겉옷을 맡기고 물에 젖어도 좋을 간편한 복장과 구명조끼로 갈아입었다.

대형 고무보트가 불안해 보였다. 맨 앞자리는 물을 많이 맞아 위험하다니 중간쯤에 앉았다. 어찌나 빨리 달리는지 폭포는 보이지 않는데 벌써 세찬 물살이 때린다. 옷이 젖고 바람에 맡겨진 몸은 온통 흔들린다. 운전하는 보트기사가 큰소리로 알아듣지 못하는 설명을 한다. 젊은이들의 즐거운 비명과 환호성이 하늘을 찌른다. 아르헨티나 쪽에서 오는 보트도 보인다.

폭포 아래에 돌입했는지 거센 물줄기가 얼굴을 때려 눈을 뜰 수 없다.

폭포 안으로 들어가니 이쪽저쪽으로 쓰러지고 넘어져서 정신이 없다. 거세게 퍼붓는 물줄기를 맞고 무서움에 떨다 나왔지만. 공포감은 사라지고 유쾌하고 재미있는 여운만 남아 짧은 시간 체험이 아쉬웠다. 속옷까지 흠뻑 젖었다. 폭포수에 정신까지 정화시켰다. 뭍으로 올라오니 따스한 햇볕이 반긴다. 내일 볼 아르헨티나의 이과수는 어떤 모습일까. 훨씬 아름답고 굉장하다니 더욱 기대된다.

아르헨티나 이과수

이과수를 공유하고 있는 아르헨티나는 1984년에, 브라질은 1986년에 유네스코 세계자연유산에 등재되었다.

브라질과 아르헨티나의 국경 다리

브라질에서 국경을 통과하는 다리를 건너간다. 다리의 색깔이 국경선이다. 초록선 노란색 다리는 브라질, 파란선 흰색다리가 아르헨티나다. 멀리 파라과이가 보인다. 국경은 접해 있지만, 시차는 1시간 반이다.

매표소 앞에 내렸다. 이과수의 옛 모습 전시관을 둘러보았다.

폭포까지는 자연보호를 위해서 운행하는 전용 열차를 타고 역 두 곳을 통과해야 한다. 첫 번째 역까지 약 10분 거리라 하여 걸었다. 숲속을 걷기에 딱 좋은 날씨다. 관광객 대부분이 걸어서 간다.

매표소 입구

폭포로 가는 전용 열차

숲에서 소풍 나온 노랑나비 떼

넓은 잔디밭과 큰 식당이 있는 역에 도착하였다. 엄청 많은 관광객이 여러 줄로 서서 차례를 기다리고 있다. 언제쯤 탈 수 있을까 걱정되었다. 한 번에 약 160명씩 탈 수 있어 생각보다 수송이 빨랐다.

역 광장에 앙증스런 노랑나비 떼가 숲에서 소풍을 나와 꽃잎 날리듯 춤을 추며 놀고 있다. 아름다운 광경에 사람들은 연신 인증샷을 한다. 강아지도 고양이도 아닌 '코아티 Coat'라는 동물이 관광객의 먹거리를 노리며 어슬렁거린다. 다리에 콱 부딪히어 깜짝 놀랐다.

열차의 같은 칸에 탄 브라질 이민 1세 일본인 할머니가 말을 걸어온다. 여기서 아시아는 너무 멀어 동양인은 대부분 이민자라며 반가

관광객 주위를 맴도는 코아티

워했다.

숲속 길을 15분 넘게 달려 '악마의 목구멍' 역에 내렸다.

"악마의 목구멍Gar Gannet Det Diablo"은 "심연으로 뛰어드는 대양"이라는 뜻이다.

숲길을 따라 들어가는 관광객이 이어졌다. 우리도 그 속에 섞여서 걸었다. 열대식물과 꽃들이 어우러지고 새들이 음악으로 조잘댄다. 숲 사이로 갈래갈래 맑은 강물이 흐른다. 이 물이 모여 이과수가 된단다.

넓고 튼튼하게 놓인 철책 길에 들어섰다. 왼쪽에서부터 오른쪽으로 돌아오는 ONE WAY 다리다. 줄지어 관광객이 들어간다. 높은 하늘 우거진 수풀과 몇 줄기 강을 건너다 내려다보니 생선인 대구만큼 큰 검은색 메기가 떼를 지어 헤엄치고 있다. 이렇게 큰 메기는 난생 처음 본다. 1.5㎞ 넘게 걸었다.

마침내 수풀 사이로 하얀 물안개가 구름처럼 피어오르고 폭포 소리가 차츰차츰 크게 들린다. 약간 굽어진 길을 돌아가니 장엄하게 쏟아지는 폭포에 눈이 부시고 아찔하다.

숨이 멈추듯 넋이 빠진다. 무어라 표현하고 싶은 말이 떠오르지 않는다. 사진 한 장을 찍고 계속 걸어간다.

굽이굽이 펼쳐지는 폭포를 거대하고 굉장하다는 말 대신 무엇으로 하랴.

드디어 '악마의 목구멍'을 내려다보는 철책 위에 섰다. 브라질에서는 멀리서 바라보았던 곳이 발아래로 보인다.

멀리서 찍은 악마의 목구멍

대단한 규모의 폭포구렁 위에서 아래를 보니 아찔하여 처음엔 한 발짝 옮기기가 떨리고 무서웠다. '악마의 목구멍'이라는 이름이 꼭 맞다. 비누 거품 덩이로 표현하기엔 약하고 구름 뭉치의 굴림체가 말려 들 듯 소용돌이치니 막막할 뿐이다. 구경꾼들이 많아 서로 좋은 자리에서 사진을 찍으려 안간힘을 쓴다.

하얀 물보라가 구름처럼 철책 위로 피어오르고 집채 같은 흙탕물이 집어 삼킬 듯 악마의 목구멍으로 쏟아진다. 보이지 않는 심연에는 지구 어디엔가 있을 샹그릴라, 유토피아, 천국, 극락세계가 있을까, 아니면 불구덩이 지옥이 있을까…. 대자연 앞에 서면 초라한 우리들.

발아래 오색 무지개가 떠 있다. 하늘에 떠 있는 무지개는 보았지만, 위에서 내려다보는 무지개는 이과수에서만 볼 수 있는 장관이다.

나이아가라 폭포는 이과수보다 규모가 작고 단순하였다. 미국의 루즈벨트 대통령 부인이 이과수를 관광하고 "아, 불쌍한 나이아가라여." 했다는 말이 정답인 것 같다.

미국에서 무려 16시간의 비행기를 타고 찾아온 이과수는 신령한 지구의 얼굴을 보여주어 감동 있는 여행이었다.

발아래 폭포 '악마의 목구멍' 철책 위에서

삼바축제의 나라, 브라질의 리오데 자네이로

UCSF에 연수 중인 딸에게서 전화가 왔다.

"어머니와 여행하고 싶은데 어느 곳으로 가면 좋겠냐"고.

미국은 패키지여행을 두 번 하였으니 아직 발을 디뎌보지 못한 남아메리카의 이구아수를 보고 싶다 했더니 샌프란시스코에서 출발하는 5박 6일의 자유 여행과 패키지를 병행한 여행을 준비해 두었다.

우리나라에서 남아메리카 여행은 쉽지 않다. 거리가 워낙 멀다. 미국에서 시작하니 우리나라에서 가는 것보다 가깝고 경비도 절감될 것 같은 무식함이 이구아수와 리오데 자네이로의 거대한 예수상을 관광할 수 있었다. 좀 더 자세한 정보를 알고 있었다면 자식들에게 부담이 되는 여행이라 하지 않았으리라. 무식이 용감하여 결과적으로 좋은 여행을 할 수 있었다. 사실 이구아수 여행만 생각했지 브라질은 덤으로 잡은 것이다.

샌프란시스코에서 마이애미공항으로 다시 브라질 리오데 자네이루공항에 내리니 저녁이다. 하루를 꼬박 비행했다. 이렇게 먼 여정인 줄 몰랐다.

이민 2세대인 50대 여자 가이드는 차창으로 스쳐 지나는 도시의 모습과 역사와 사회구조에 대하여 자세히 설명해주었다.

호주의 시드니, 이탈리아의 나폴리와 함께 세계 3대 아름다운 항구중의 한 곳인 리오데 자네이루Rio de Janeiro는 이곳이 1월에 발견된 곳이어서 "일월의 강"이란 뜻이다. 대부분의 남미주민들이 스페인어를 사용하지만, 포르투갈어를 쓴다.

인구는 600만인데 흑인이 40% 이상이다. 식민지 시절 사탕수수밭 노동자로 팔려온 흑인 노예들이 많이 정착하였기 때문이다. 이들이 브라질 문화에 많은 공헌을 하였다. 삼바축제의 근원도 따지고 보면 그들의 고단한 삶을 발산하는 몸부림의 표현이라고 해석하였다.

국립대학은 입학만 하면 모든 것이 무료이기에 입학이 굉장히 어렵다. 세상 어디에서나 청춘의 경쟁은 치열하다. 세계적인 백신 연구회사도 있고 석유자원도 많지만, 빈부의 격차가 몹시 심한 나라다. 잘못된 지도자와 정치가의 인식이 낳은 산물이 세계 곳곳에서 사람들을 고단하게 하는 건 아닌지….

도로를 따라 빈촌과 부자촌이 확연히 다르게 보인다. 쭉 산비탈의 달동네가 이어졌다. 교통이 불편하였던 가난한 서민들의 주거지에 오르내리는 케이블카가 설치되어 있다 한다. 최근 부산의 산복도로 케이블카 설치가 이곳에서 아이디어를 가져온 것일까 생각해보았다.

한인 교민이 약 30가구 살지만 요즈음 한류효과가 커서 한글학교에 브라질 학생이 100명이 넘는다 하니 아주 반갑게 들렸다. 거리와 건물은 유럽의 모습과 비슷하여 과거 유럽의 식민지 역사를 엿볼 수 있었다.

삼바축제의 거리

삼바축제의 거리에 내렸다 매년 2월이면 TV에서 볼 수 있었던 화려하고 정열적인 축제장은 700여m의 도로에 축구경기장처럼 계단식 관람석이 설치되어 있다. 도로에서 하는 공연에 관람권을 팔고, 앉아 구경할 수 있다니…. 놀랍고 모르던 사실이다. 6만 명을 수용할 수 있단다. 축제 기간이 가까워지면 관광객이 모여들고 축제 거리를 볼 수 있는 산동네 집들이 숙소로 변하여 숙박료가 엄청 비싸진다 했다. 사람 사는 방법과 심리는 지구의 어느 편에서나 똑같다는 생각이 들었다.

TV에서 보았던 열광적인 축제장을 떠올리며 텅 비어 있어 삭막한 시멘트 거리를 걷는다. 우리나라는 시월의 가을이지만, 지구 반대편인 이곳은 여름철이라 햇볕이 따갑다. 시멘트 거리의 후끈한 열기가 온몸을 감싼다.

삶의 고단함과 한을 풀어내는 우리의 "살풀이춤" 보다 더 진한 아픔을 토해내는 춤이 삼바다. 아프리카에서 팔려온 노예들의 한을 광란의 춤으로 발산하는 그들의 애환을 느껴 보았다. 페스티벌이 끝난 공허한 삼바거리는 휑하다.

관람 계단 옆으로 길게 이어진 상가에서 다양한 무용복을 진열해

놓고 관광객에게 빌려주며 사진을 찍어보라 권하였다. TV에서 보았던 축제를 떠올리며 마음에 드는 옷을 입고 그들이 시키는 대로 포즈를 취하며 촬영을 하니 마치 축제장의 일원이 된 듯 즐거웠다. 여행의 맛은 이런 데 있지 않나 싶다.

무용복을 입고

매년 2월에 열리는 축제 중에서 가장 전통이 있고 유명한 축제가 이곳 리오데 자네이루 카니발이다. 우리는 "리오"라 발음하지만, 이곳에선 "히오"라 한다. 약 200여 개의 삼바학교가 이곳에 있다. 단 이틀만 열리는 퍼레이드에 참가할 수 있는 팀은 고작 10개 팀이라니 경쟁을 알만하다. 1위를 하여 "히오"가 되면 다음해에 출연할 수 있는 영광을 가진다. 삼바학교에서는 일 년을 준비하고 학교 개학일도 축제가 끝나는 날이 된다. 그러니 "삼바축제" 하면 "리오데 자네이로"를 상징하는 것이 맞다 여겨졌다.

브라질 랜드 마크 예수상 Cristo redctor

2016년 하계올림픽 개최지가 브라질의 리오데 자네이루의 마라카냥 경기장이었다. 매일 TV 뉴스 첫 화면에 휙~, 날아와 등장하는 코르코바도 언덕의 거대한 예수상을 만나러 간다. 너무 먼 곳에 있어 볼 수 없을 것이라 생각했는데, 실제로 관광할 수 있어 가슴이 두근거렸다.

안개가 자주 끼는 항구 도시의 높은 산꼭대기에 있다. 아침 안개 때문에 거리를 먼저 관람하였다. 다행히 안개가 걷히기 시작하니 볼 수 있을 거란다.

예수님 동상

브라질 랜드 마크인 예수상은 1931년 포르투갈의 식민지에서 독립한 100주년 기념으로 세워진 인공 건축물이다. 인간이 만든 구조물 중 가장 경이롭고 신비한 것이며 세계 7대 불가사의 건축물 중 하나로 등재되었다.

700여m 높이의 산꼭대기에 있는 예수상으로 가려면 산악열차를 타고 산 중턱까지 간다. 거기서 에스컬레이터 타는 역까지 언덕길을 걸어서 가야 했다. 여름 한낮 더위에 무척 힘들었다. 동상이 있는 가파른 정상의 마지막 코스를 에스컬레이터로 갈 수 있어 편하고 좋았다.

높이 38m인 무소불위의 위엄으로 서 있는 거대한 동상을 올려다 보니 아득하고 아찔하였다. 가톨릭 신자는 아니어도 저절로 기도가 되었다. 어찌 이렇게 큰 동상을 세울 생각을 했을까. 인간이 소망을 이루려는 욕망과 능력의 한계는 어디쯤 일까….

날이 차츰 맑아지니 아름다운 리오데 자네이루 항구도시가 모형처럼 사방에 그림을 그리며 널려 있다. 가슴이 펑 뚫리고 날아갈 듯 마음이 맑아졌다.

뒤에서 본 예수님 동상

수많은 관광객이 인증샷을 한다. 날개를 펼치듯 두 팔을 벌리고 세상을 모두 품어 안을 자세로 우뚝 선 예수님을 흉내 내는 젊은이들이 줄지어 서 있다. 팔을 벌리고 찍으면 예수상과 하나가 된 듯 겹쳐져 보이는 곳이라 한다. 우리도 기다려서 인증샷을 했다. 단체로 성지순례 오신 분들이 여기저기 모여 찬송가를 부르며 예배를 드린다.

우리 가족 셋이 인연이 있어 당신 앞에 서 있음이 고맙다는 기도를 올렸다.

팡데 아스카루Sugar Loaf Mountain

"빵 산"

우리나라에 '빵 산'으로 소개된 '팡데 아스카루'로 갔다. 해 질 녘이라 안개가 끼기 시작했다. 서둘러 케이블카를 탔지만, 오르는 내내 안개가 자욱하다. 중간 역에서 내려 안개에 둘러싸인 희미한 도시의 풍경을 겨우 볼 수 있었다.

뿌연 안개 속에 가물가물 보여 더욱 신비롭게 다가오는 산꼭대기의 바윗덩어리가 나의 눈에는 U자를 거꾸로 세운 것이 아니면 커다란 주물밥통을 뒤집어 놓은 듯 보였다.

유럽 사람들이 처음 이 땅을 밟았을 때 산의 모양이 정제된 설탕으로 만든 바게트 모양 같다고 보여 "설탕 바른 빵"이란 팡데 아스카루의 이름을 붙였다. 새로운 삶의 터전을 찾아 낯선 땅에 온 이민들이 식량을 갈구하는 간절한 마음이 서린 곳이다. 선명한 경치는 못 보았지만, 이민자들의 애환이 묻혀 있는 곳이라 생각되었다. 안개 때문에 사진도 찍지 못하고 내려왔다.

브라질은 고기 천국이었다. 값이 저렴하다더니 정말 그랬다. 매끼 식사에 풍성한 채소와 쇠고기가 많이도 나왔다. 웨이터들이 쇠꼬챙이에 꿴 고깃덩어리를 부위마다 들고 식탁 주변을 돌면서 큼직하게 썰어 담아주었다. 부위의 맛을 잘 감별할 줄 모르니 너무 많이 나오는 고기에 질리었다. 이렇게 고기를 많이 먹으니 비만 인구가 많은가 보다.

올림픽 경기장 구경을 갔었지만, 문이 닫혀 있어 광장 입구에서 사진을 찍고 돌아 나왔다.

신도 2만 명을 수용할 수 있는 대성당과 국립도서관, 리오극장도 들러 보았다.

세라론 계단 Escadaris Selaron

산타 테레자 언덕에 위치한 세라론 계단은 원래 높은 언덕에 위치한 빈민가를 오르던 계단이다.

1990년 칠레의 조각가 조지 세라론 Jorge Selaron이 계단에 색깔 타일을 붙이기 시작하였다. 소문이 세계각지로 알려지면서 각국에서 다양한 타일을 보내 왔고 오늘의 화려한 타일로 계단장식이 이루어져 유명한 장소로 자리매김하였다. 우리나라의 태극기 타일이 있다 하여 찾아보고 반가워 인증샷을 했다. 지금은 215개 계단에 2,000여 개의 색깔이 다양한 계단을 보려는 관광객이 넘쳐난다. 한 예술가의 새로운 발상이 동네를 훌륭한 관광명소로 바꾸어 놓았다. 이런 것이

창조예술, 창조경제가 아닐까 생각해 보았다.

우리가 이틀간 숙박한 호텔은 세계적인 관광 휴양지로 이름난 코파 카바나해변 근처였다.

빠듯한 일정 때문에 호텔 건너편 모래사장에서 사진 한 장 남기는 것으로 만족했다.

"아~두, 리오데 자네이루여!"

다음 여정인 브라질 이구아수로 출발하였다. 비행장으로 가는 도로의 건축물에는 유럽 구시가지에서 보았던 건축물에 지은 연대가 새겨져 있어 도시의 역사를 말해준다. 울창한 가로수가 긴 터널을 이루고 있는 도시를 지나면서 경제가 밑바닥이라는 소문보다 풍성하게 성장할 수 있을 것으로 생각되었다.

휴양지 코파카바나해변

마천루摩天樓의 도시, 뉴욕의 얼굴

하늘로 키 재기 하듯이 솟아오른 빌딩 숲의 천지, 마천루(Sky Scraper)의 도시인 뉴욕에 도착하였다. 예약해 놓은 쉐라톤 호텔의 로비는 웬만한 역 광장만큼 넓다. 세계에서 온 여행객으로 북새통이다.

짐을 풀고 거리로 나섰다. 10월 중순인 뉴욕은 벌써 크리스마스 장식을 위해 가로수에 꽃불을 밝히는 작업이 한창이다. 세계 최고의 금융도시인 맨해튼의 월가를 지난다. 거리에는 얼굴 색깔이 다른 다양한 민족이 뒤섞여서 바쁘게 움직인다. 과연 국제적인 도시답다. 미래는 한곳에 정착하여 살아가기보다 다양한 문화를 접하고 새로운 문명을 창조하며 살아야 할 것 같다. 햄버거 가게에 들어가니 손님들로 왁자지껄하다. 유명한 식당에서 정식 스테이크 맛도 보았다. 생각보다 비싼 가격이어도 뉴욕의 입맛과 정서를 느낄 수 있었다.

뉴욕의 상징인 자유의 여신상은 허드슨 강의 리버티 섬에 있다. 12시에 예약한 배를 타려니 수많은 사람의 물결로 출렁이었다. 다양한 얼굴 모습에 인종전시장에 서 있는 것 같았다. 과연 미국은 대국이고 관광수입도 엄청나 보여 부러웠다. 여신상이 있는 리버티 섬으로 들어가면서 이민자들이 들어오는 관문인 엘리스 섬에 들렀다. 신대륙이 처음 발견되고 유럽 사람들이 새로운 부와 유토피아의 꿈을 안고 입국한 세관이다. 그 당시의 모습이 역사관에 자세하게 기록과 사진으로 전시되어 있다. 아프리카에서 노예로 끌려온 이들도 이 섬으로 들어왔다. 누구는 희망을 꿈꾸며 신대륙 아메리카를 찾아들었고, 누구는 쇠사슬에 묶여 짐승처럼 이 섬에 도착했다는 역사의 글을 읽고 참담하고 가슴이 아파져 시 한 편을 읊어 보았다.

드넓은 허드슨 강에 우뚝 선
자유의 여신
그를 보러 구름같이 모여든다

생명줄 찾아
신대륙에 첫발 디딘 이민자들
오른손에 횃불, 왼손은 독립기념일을 새긴 책
구원의 밧줄이었지

황금 왕관 일곱 개의 후광을 쓰고
사람은 평등하다 울부짖어도
허공을 가를 뿐
짓밟힌 영혼만 서러워라
인간사의 약육강식 엄연히 살아있다

평화와 배려는 강물에 넘쳐흐르고
역사는 아득히 멀어지고
저 많은 군상, 무엇을 바라고 환호할까.

- 졸시 「자유의 여신상 앞에서」 전문

리버티 섬에 내렸다. 자유의 여신상 몸통 안으로의 여행이다.

프랑스가 1886년 미국독립 100주년 기념으로 선물한 조각상이다. 작가 프레데릭크 오귀스트 바를 톨디는 인류의 이상적인 얼굴모형을 조각상에 담으려고 고민하다가 자기 어머니 얼굴을 모델로 삼았다 전한다. 누구나 자신의 어머니 모습이 세상에서 제일 인자한 미인으로 가슴에 새겨져 있다. 거대한 조각내부의 전시실은 계단과 엘리베이터를 타고 다니면서 자세하게 구경할 수 있다. 전시실에는 여신상을 실물 크기의 부분모형으로 전시해 놓았다. 크기가 몸체에서 횃불까지 46m, 손길이 5m, 코 길이 1.48m 등등 거대한 조각상이라 부분모형도 어마어마하다. 앞에서 인증샷도 하며 즐기며 보았다.

관람을 마치고 3시 30분이 지나서 호텔로 돌아오니 엄청 피곤하여 두어 시간가량 쉬고 상점에서 케이크와 과일 음료수 등 간단히 장을 보아왔다. 오늘이 남편의 기제사 날이다. 가족이 함께 왔으니 한국에서처럼 절차대로 지낼 수는 없어도 성의를 다하여 정성껏 지내자 했다. 언제나 신식이고 여행을 좋아하고 이해를 잘 하는 그이라 편하게 제사를 모셨다.

저승에 계신 그가 우리와 함께 여행하고 있다고 느껴졌다.

여행 가방에 지니고 다니는 지방紙榜 때문인지 남미의 긴 여행에서 돌아올 때였다. 리마공항에서 탑승한 비행기에서 잠깐 조는 동안 남편과 동행하는 꿈을 선명하게 꾸었다. 남편은 살아 있을 때와 똑같이 여행하는 비행기 안에서 우연히 함께 탄 친구가 우리 좌석을 지나치다 "아이구, 같은 비행기를 탔네!" 하며 반갑다는 인사를 청하자 졸다가 벌떡 일어나며 "오, 문 여사" 하고 반갑게 악수를 청하였다. 짙은 갈색 모자에 썬그라스를 낀 평상시의 모습으로 친구에게 그의 특이한 몸짓의 악수를 청하며 반기었다. 깜짝 눈을 뜨니 내 좌석의 양편에는 아들과 딸이 졸고 있었다.

14년 전, 9·11테러가 있었던 다음 해 3월 남편의 환갑을 맞아 미 서부와 동부, 캐나다의 나이아가라 폭포까지 여행했었다. 그때는 패키지여행이라 자유의 여신상도 그저 선상에서 바라보았다. 그래도 미국 땅을 처음 밟으며 상상 밖의 거대한 영토와 다양한 민족과 주마다 다른 기후와 문화를 접하며 놀랍고 신기했었다.

타임스퀘어 광장을 찾았다. 뉴욕의 42번가와 7번가가 만나는 삼각지대로 예전에 뉴욕 타임스의 사옥이 있던 곳이라 붙여진 이름이다. 외국관광객으로 바글거렸다. 하기야 미국 자체가 이민 온 사람들로 형성된 국가다. 이들은 무엇을 보려고 어떤 삶의 해법을 배우러 여기에 왔을까. 순수한 관광객보다 시간을 다투며 바뀌는 치열한 광고시장과 문화와 문명의 현장을 익히러 온 젊은이들이 많아 보였다. 첨단기술로 무장된 삶의 느낌을 셔터로 연신 눌러댄다. 빌딩 벽 사방의 광고판이 돌면서 풀어내는 휘황찬란한 빛과 음악이 쏟아지니 정신이 혼미하다. 서 있는지 발은 움직이고 있는지 감지할 수 없다. 마치 광란의 춤을 추는 댄싱클럽 한가운데 있는 듯하다.

광고는 깜박이는 찰나에 바뀌고 바뀌었다. 우리나라 제주도가 유네스코 세계자연유산으로 등재된 광고가 떴다. 눈에 익은 제주도의 아름다운 경치가 스치고 미남 배우 송중기가 소개하는 장면을 보면서 대한민국의 국민임이 흐뭇하고 뿌듯하였다. 애국자가 되는 건 외국 여행에서 간혹 경험하게 된다. 삼성과 엘지, 현대의 광고도 보였다. 동양의 조그만 나라 분단된 조국의 산업광고를 뉴욕의 타임스퀘어 광장에서 만나니 무척 반갑고 자랑스러웠다.

내일은 9・11테러로 사라진 쌍둥이 빌딩 자리에 세워진 기념박물관과 희생자의 추모를 위하여 조성한 인공호수 기념물인 "9・11 기념관 노스풀과 사우스풀"을 관람하려 한다. 테러가 있은 다음 해에 와서 보았던 무섭고 참담했던 그 장소의 기억을 생각하며 어떤 모습으로 기록해 두었을까, 이 나라 사람들의 역사기록 기념관이 보고 싶어졌다. 쌍둥이 빌딩 대신 세워진 "원 월드 트레이드 센터One World Trade Center"에도 올라 가볼 예정이다.

다음날은 뉴욕을 떠나 비행기로 버펄로 가서 렌트한 자동차로 캐나다의 나이아가라 폭포로 갈 여정이 잡혀있다. 캐나다에서 다시 뉴욕으로 돌아와 하루를 뉴욕 도심의 대표 공원 센트럴파크를 산책하고 자연사 박물관을 관람하려 한다. 지하철을 이용하여 한인교포들이 모여 식당가를 이룬 뉴욕 32번가에서 식사도 해볼 예정을 잡아 놓았다는 말에 기분이 좋았다. 뉴욕의 얼굴을 다 볼 수는 없지만, 웬만큼 볼 수 있을 것 같다.

마천루는 세계 곳곳에서 경쟁하듯 높이 더 높이 세워지고 있다. 첨단과학 문명이 끝을 모르게 발전하고 인공지능으로 움직이는 로봇이 세상을 지배할 날이 머지않았다고 과학자들이 말하고 있다. 세계평화를 위하여 노력하는 유엔 본부도 여기에 있다. 미래의 세상은 어떻게 변화할까를 생각하게 하는 국제금융의 중심인 뉴욕의 밤거리는 자유, 민주, 평등의 얼굴로 포장된 깃발을 펄럭이며 빠르게 흘러가고 있었다.

타지마할, 사랑

인도 여행 5일째, 섭씨 40도를 넘나든다. 인도를 가장 강력한 힘으로 지배한 이슬람 왕조 무굴제국(1526~1857)의 수도였던 아그라로 간다.

약 6시간의 열차여행 동안 시골 마을과 작은 도시를 구경할 수 있었다. 비가 적게 내려서 땅은 사막을 닮았다. 푸른 나무들은 내리쬐는 땡볕에 쪼그라든 이파리가 바람에 시달리며 억지 춤을 추니 뿌연 흙먼지를 뒤집어쓴 역 근처 마을이 빈곤해 보였다. 날씨가 너무 더운 탓에 그렇게 보일까! 함께 온 친구가 인도를 한마디로 말하면 "천국과 지옥이 공존하는 나라 같다." 고 꼬집는다.

바라나시에서 갠지스 강으로 가는 길은 바로 아수라장이다. 마차와 고급 승용차가 함께 다니는 거리, 다양한 차량이 뒤질세라 빵빵 경적을 울려대니 귀가 먹먹하고 정신이 아찔하다. 먼지가 자욱한 안개처럼 쌓인 거리를 수많은 사람과 소 떼도 함께 움직이니 한 발짝 옮기기 힘든 거리다. 10대 소녀로 보이는 이가 옆구리에 반질반질 빛나는 민머리 인형 같은 아기를 꿰어 차고 따라오며 구걸을 한다. 동정심보다 놀라워 두려움이 앞섰다. 정말 아수라가 있다면 여기일 것 같다. 이곳을 보려고 세계에서 관광객이 몰려오다니, 참 세상은 알 수 없는 곳이다.

저녁에 도착하니 아그라 민속 공연인 “사랑의 전설” 옵션이 있었다. 최신식 극장은 외국 관광객으로 꽉 차 있다. 우리 좌석은 3층이다. 우리말 오디오기를 귀에 꽂았다. 화려한 무대 장식과 조명, 아름다운 인도 전통의상을 입은 배우들이 음악에 맞추어 현란한 춤을 추

타지마할 전경

며 노래를 부른다.

뮤지컬의 대사 중에서 기억하는 게 있다. 신하가 국사를 의논하고 결재를 받으려 하자, 신하에게 "소소한 국사는 왕비의 허락을 받아서 하라."는 명령을 하였다. 왕권을 위임 받은 왕비가 너무 황송하여

왕비 ; 폐하, 폐하가 저를 너무 사랑하시니 제가 자꾸 교만해지옵니다.

황제 ; 하하하 ~, 신이 그대에게 교만을 주었다면, 나는 그대의 교만마저 겸손만큼 사랑하겠소. (왕비를 살포시 껴안는다.)

라며 포옹하는 장면이다. 위의 대사는 타지마할을 건립한 샤자한 황제의 뭄타즈 마할을 향한 사랑 전부를 대변하는 대사다. 우리 일행 중 50대로 보이는 여성이 타지마할 앞에서 왕비를 흉내 내는 연기를 하면서 위의 대사를 읊는 모습에 손뼉을 치며 즐거움에 탄성을 질렀다.

샤자한의 왕비 뭄타즈 마할은 서른아홉에 임신한 몸으로 황제가 출전한 테칸 고원 전쟁터에서 14번째 아기를 낳다 숨을 거둔다. 갑작스러운 아내의 죽음 앞에 큰 충격을 받은 샤자한은 하루아침에 머리카락이 백발이 되었다. 임종 마지막 순간에 세상에서 제일 좋은 무덤을 지어주겠다고 한 약속을 지켜 지은 무덤이 타지마할이다.

이슬람 전통 사원의 아치문과 웅장한 순백색의 대리석 돔이 햇살을 받아 반짝반짝 빛을 쏟아낸다. 양편으로 드넓은 초록의 잔디밭이 펼쳐있고 긴 직사각형의 호수에는 맑은 물이 흐른다. 맑은 물에 그림

자로 내려앉은 하얀 타지마할 돔이 아름답다 못해 신비하다. 멀리 아무나 강이 흐른다.

내부는 어마하게 높은 천장 아래 흰색 철책을 높게 울타리로 둘러놓았다. 철책 사이로 하얀색 사각형 대리석 관이 보였다. 뭄타즈 마할의 관이다. 돔 안은 온통 비취, 사파이어, 루비 등 이름 모를 보석들이 대리석을 깎아낸 자리에 상감기법으로 조각한 잎사귀와 꽃들로 새겨져 있다. 인도 전역의 뛰어난 건축가와 조각가 외에 터키, 이탈리아에서 동원하였다. 건물이 완성된 후 이보다 더 아름다운 건축물을 짓지 못하도록 동원된 2만 명의 손목을 잘라버렸다 전한다. 이곳이 궁전이 아니고 왕비를 위해 22년 동안 건설한 무덤이라니 믿기지 않는다.

사랑하는 왕비를 향한 자신의 그리움을 간직하려고 동원된 장인들의 손목을 잘라버린 제왕의 횡포에 오싹함이 전해왔다. 손목 잘린 장인들의 비통함과 억울함으로 탄생한 타지마할의 찬란한 보석들이 장인들의 피와 눈물의 빛살이 되어 반짝거린다. 프라하의 천문시계 장인도 더 좋은 천문시계를 만들지 못하게 시각장애인이 되게 했다더니 권력자의 욕심과 횡포에 시달린 어리석은 백성이 불쌍하게 느껴진다. 시대를 초월한 아름다운 사랑과 예술작품 뒤에 숨겨진 탐욕과 잔인함을 되새겨 보니 만감이 교차 되었다.

야무나 강의 건너편에 검은색 대리석으로 타지마할과 같은 모양의 묘를 지어 황금 다리로 지하를 연결하여 사후에 왕비와 오가며 보내려는 거창한 계획을 세웠으나 실현하지 못했다. 그의 아들 아우랑

제브가 타지마할을 짓는데 많은 국고가 낭비되었고, 국정을 제대로 살피지 못했다는 이유로 왕위를 찬탈하고 유폐시켜 버렸다.

아그라 궁 요새의 탑에 유폐된 샤자한은 죽는 날까지 창문으로 아스라이 보이는 타지마할을 바라보며 왕비를 그리워하다 세상을 떠났다. 그의 무덤은 타지마할의 지하에 있다.

아그라 성의 요새에서 병든 몸으로 타지마할을 내려다보면서 사랑하는 아내를 그리워했다니, 얼마나 쓸쓸하고 고독했을까! 권력의 허무와 삶의 무상을 느끼는 곳이다. 타지마할 시 한 수 읊어 본다.

순백색 둥근 돔
하루에도 몇 번 몸을 바꾸는
눈부신 빛살
빛나는 것이 모두 아름다움 아니다

달콤하게 속삭이는 밀어들
미어지듯 뚫린 눈동자
인생의 허무함이여
백성의 억눌린 눈물은 방울방울

찬란한 보석에 꼭꼭 박힌 사랑 이야기
손에 잡힐 듯
슬프게 흐른다
야무나 강의 맑은 물에

- 졸시 「타지마할 사랑 이야기」 전문

인도 여행을 생각할 때 꼭 관람하고 싶은 곳이 지극한 사랑으로 지은 타지마할이었다. 사진이나 여행가들의 동영상으로 보는 것보다 실제로 관람하며 느끼는 것이 더욱 아름답고 굉장하다. 사원의 속살에 새겨져 있는 사랑과 슬픔과 권력의 잔인함까지 읽고 나오는 여행자의 설레던 마음은 무거웠다.

제5부

식탐

식탐食貪

가끔 생각해 본다, 내가 나를 얼마나 알고 있을까? 내가 몸의 주인이라면 최소한 자신이 언제 어디서 무엇을 잘못하여 병이 났다는 것을 알아야 한다. 그러지 못하니 몸과 마음이 내 것이라고 할 수 없다. 어디 몸과 마음뿐이랴. 내가 가졌다 생각하는 모든 것이 내 것이 아닌 것이지.

배가 살살 아파서 깨어보니 이른 새벽이다.

"어제 저녁에 좋은 음식을 맛있게 먹었는데 왜 속이 아프지. 커피를 며칠 연달아 마셨나."

이리 저리 안테나를 돌려본다. 맛있다고 기분 좋다고 과식을 하였든지 며칠을 계속하여 커피를 마셨든지 둘 중 한 가지를 저지른 셈이다.

외출을 하거나 여행을 할 때에는 조금 과하게 먹어도 괜찮은데 집에 있는 날은 세끼를 꼬박꼬박 챙겨 먹으면 다음날 새벽에 과식했다는 신호를 통증으로 보낸다. 그것만이 아니다. 모임이 있으면 점심을 많이 먹는다. 여러 사람이 함께 먹으니 맛이 있어 과식을 한다. 그러면 저녁밥은 안 먹어야 된다.

밤늦도록 TV를 시청하거나 책을 읽다보면 시간이 훌쩍 지나가고 시장기가 살아난다. 이때에 잠을 청하지 못하면 냉장고 앞에서 서성거리고 자꾸만 냉장고 문을 여닫아 주전부리를 한다. 왜 나를 억제하지 못하는지. 자꾸만 반복되니 내가 나를 모를 일이다. 그렇게 보낸 새벽이면 배가 또 살살 아파온다.

요즈음은 학교에서 점심급식을 하지만, 우리 아이들이 중고등학교를 다닐 때는 도시락을 두세 개씩 싸서 보냈다. 어머니들은 매일 식구들의 반찬 걱정보다 학교에서 먹을 도시락 반찬이 제일 큰 걱정이었다. 아침에 도시락을 싸서 학교에 보내고 나면 그날 일을 모두 마친 듯 가뿐했다.

어느 날 아침밥을 하는데 갑자기 허리와 배에 통증이 왔다. 도시락 싸는 걸 그만 둘 수 없으니 참았다. 차츰차츰 심해지며 도저히 견딜 수 없는 아픔이 몰려왔다. 부엌바닥을 헤매다 근근이 기어 나와 동네 병원으로 갔었다.

창자가 꼬였다는 진단을 받았다. 그대로 오래두면 꼬인 곳이 썩고 바로 죽음에 이르는 병이라며 응급 처치를 하였고 그대로 나는 잠이 들었다. 한잠을 자고나니 거짓말처럼 괜찮았다. 의사 선생님은 만약 다시 통증이 심해지면 큰 병원으로 가서 수술을 받아야 한다며 평생 커피는 마시지 않는 게 좋겠다고 하셨다. 다행히 그 의사 선생님은 내과 전문의였고 치료를 잘하여서 지금까지 재발되지 않고 지낸다. 한두 시간만 지체되어도 바로 목숨을 잃는 병이었으니 한 번 죽음의 문턱을 넘어 본 것이다.

어쩌다 옆구리에 통증이 오면 혹시 그 병이 아닐까 생각될 때도 있었다. 그 기억 때문에 커피를 즐겨 마시지는 않는다. 그래도 가끔은 달콤한 커피향의 유혹을 떨쳐내지 못할 때가 있다. 특히 여러 날 여행에는 피곤이 달아나고 정신이 맑고 깔끔하니 안 마실 수 없다. 그렇게 계속 마시다보면 꼭 아침 통증이 찾아오지만, 알면서도 자제가 잘되지 않는다. 어떤 때는 '소화제 한 번 더 먹으면 되지.' 하는 배짱으로 음식도 먹고 커피도 마신다. 아침이면 후회하면서 습관을 고치지 못하는 내가 한심하고 부끄러울 뿐이다.

모든 생물의 본능은 첫째가 식욕이다. 먹지 못하면 생명도 없다. 인간 본능의 으뜸도 식탐이다. 성경에서 말하는 원죄도 아담과 이브가 선악과를 따 먹으면서 시작되었다. 우리 속담에도 사흘 굶으면 남의 집 담장을 넘는다는 말이 있다. 먹지 못하면 죽음을 맞게 되니 음식을 탐하는 인간의 욕구는 당연하고 자연스러운 일이다. 더 나은 것, 더 좋은 것과 더 많은 것을 자손에게 먹이려는 욕심이 사회부패의 고리로 이어져 하루도 빠짐없이 언론에 회자되고 있다. 그뿐인가. 세계사에 등장하는 수많은 전쟁들 거의가 영토를 넓히려는 싸움이었다. 이념전쟁도 있지만, 결국은 식량전쟁인 셈이다. 그런 국가의 욕구가 이 순간에도 지구촌 어디에선가 전쟁으로 이어지고 있다.

식탐이 꼭 나쁜 것은 아니라고 생각할 때도 있다. 인간에게 이루고

자하는 욕구가 없다면 어찌 발전이 있을까. 그 욕구와 편리함이 오늘날 문화와 과학 문명발전의 원동력이 되었을 것이다. 단지 지나치면 독이 되어 돌아오니 자제할 일이다.

조용히 앉아 병원에서 내시경을 보듯 내면을 들여다본다. 깊은 계곡에 구정물이 흐르고 상처가 난 흔적이 나타나며 아프다고 한다. 지금까지 알게 모르게 내장되어 있던 덧난 상처가 아프다는 신호를 보내주니 아침 통증이 고맙다. 무지하여 내 몸을 내가 잘 알지 못하지만, 어딘가 고장이 나고 있으니 조심하라는 말로 들린다.

살아오면서 잘못하는 일이 어디 식탐뿐이랴. 인간이 가진 모든 잘못된 버릇을 지니고 있겠지. 지금 내가 가진 것이 모두 내 것이 아니라는 것을 인식하면서도 자꾸만 생활에 욕심이 생긴다. 신이 아니고 인간이기 때문이라 위로 하면서 소식하는 습관부터 실천하자 다짐해 본다.

윤이상 강좌를 듣고

금정도서관에서 주최하는 길 위의 인문학 강좌에서 "부산 사람, 인류의 진보를 묻다."의 일차 강의 제목이 "자유의 바다를 그리워한 음악가, 윤이상의 삶, 유네스코 음악 창의 도시를 만들다."여서 조금은 의아하고 혼란스러웠다.

지금까지 내가 알고 있는 윤이상은 세계적인 음악가이긴 해도 북한에서 더 많은 예우를 받는 음악가다. 함께 있던 친구에게 말했다. 인문학 강의를 신청했는데 뭔가 좀 찜찜하다. 요즈음 사드 대란이 생각을 어지럽히는데 강의 주제의 인물이 윤이상이라니, 나와 비슷한 생각을 하는 친구도 고개를 끄덕이며 강좌에 참여하지 않았다.

몇 해 전에 어느 신문에서 윤이상에 관한 기사를 읽었다. 북한에서 많은 지원을 받아 그곳에서 큰 공연을 하였으며 기념관과 별장도 있다 했다. 남북한 화해시기에 딸들이 그 별장에서 지냈다는 기사였다. 동백림사건을 읽었던 신문기사도 뇌리에 남아있다.

그분이 위대한 예술인이고 간첩활동까진 안 하였으리라 믿었다. 하지만 북한에서 공연도 하고 기념관도 세워주었으며 거기다 별장까지 지어 주었다면 과연 그분은 대한민국에 가까운 사람인가. 북한 인민인가. 의문이 남아 있었다. 그러니 윤이상을 주제로 한 강좌는 반공이 국시인 시절에 교육을 받은 요즈음 말하는 보수골통인 나에게 뭔가 이상했다.

1950년 6·25사변이 일어난 그 다음 해 국민학교에 입학하였다. 부산이 고향인 나는 6·25사변은 집 앞 신작로에 장총을 든 코가 큰 무장군인들이 탄 쓰리쿼터가 휭휭 북쪽으로 꼬리를 물며 달려가는 영상으로 남아있다.

피난민들에게 학교를 내어준 우리는 교실도 교과서도 없이 괘도에 쓴 "철수야, 바둑아, 놀자."로 한글을 배웠다. 3학년까지는 봄과 여름은 산과 들에서 공부하였고 겨울과 비가 오는 날이면 고아원 아니면 빈 공장의 창고가 교실이 되었다. 4학년이 되어서 비로소 교과서도 받고 교실에서 수업할 수 있었다.

이번 강의에서 우리나라가 1950년 6월 14일에 유네스코에 가입하였고 11일 후인 6월 25일에 사변이 일어났다는 사실을 배우면서 대한민국이 그래도 복 받은 나라라 생각되었다. 만일 11일 전에 유네스코 회원국이 되지 않았다면 지금의 대한민국은 어떤 환경이 되었을까 생각하니 아찔하다. 교수님의 말씀대로 그때 우리나라는 세계의 로또에 당첨된 것이다. 그러지 않았다면 인천 상륙작전도 없었을 것이고 "국제시장" 같은 영화도 나오지 못했고 우리는 공산주의 사회에서 헤매고 있을 것이다.

4학년이 되던 1954년에 교실에서 교과서를 가지고 처음으로 수업을 할 수 있었다. 그해에 유네스코가 10만 달러, 유엔 한국재건단(UNKRA)이 14만 달러를 지원하여 대한 문교 서적 (이후 국정교과서)이 인쇄공장을 설립하여 교과서를 편찬하였기 때문이었다니 정말 유엔 국제기구가 고맙고 그 역할의 중요성을 알았다.

대학 4학년인 1965년에 판문점 견학을 갔었다. 부산에서 태어난 덕으로 몸소 전쟁 현장을 겪지 않았다. 북한 인민군을 직접 대면하지 못했기에 북한 군인들이 복장만 다른 우리와 똑같은 생김새의 군인이어서 이상했다. 평소 빨갱이들이란 단어를 많이 썼기에 빨간색 얼굴일 거라는 막연한 어린 시절의 생각이 틀려 잠시 혼란해졌다. 함께 간 친구들에게 이야기하였더니 세뇌교육이 참 무섭다는 말을 했었다. 그러니 윤이상 작곡가에 대한 나의 편견은 강의를 듣는 것조차 께름한 것이다.

동백림사건의 진상도 자세하게 모르니 무언가 있었기 때문에 사건조작도 했지, 영 터무니없는 사건을 국정원이라도 만들어 낼 수 있을까 생각되었다.

1963년 우리 민족의 이상을 동물의 형상으로 표현한 작곡을 하려했던 선생님은 고구려 시대의 사신도를 통해 예술적인 영감을 얻기 위하여 무덤 안의 사신도를 직접 체험하려고 북한을 방문하였다. 그리하여 동백림사건에 연루되었다니 예술가의 생각과 정치가의 관점이 다른 부분에서 비롯된 사건이었다고 이해된다.

예술가는 미래지향적이어야 좋은 작품을 창조할 수 있으니 자연히 진보성향을 가지게 된다. 그 진보성이 현 사회를 가장 안정적으로 두려는 보수와 부딪히게 된다. 그러니 예술가들이 사상전쟁의 희생양이 될 수 있다. 동백림 사건에 연루된 윤이상 선생님도 그런 경우가 되었다고 한 강의가 마음에 와 닿는다.

한 시대의 잘못된 사상의 흐름이 개인의 인생에 힘겨운 운명의 쇠사슬을 씌울 수 있다. 전쟁을 주제로 한 많은 문학작품을 읽으면서 지도층에 있는 정치가의 사상과 그릇된 판단이 전쟁을 일으키며 평범하게 보통으로 살아갈 개인 생활의 틀을 바꾸고 너무나 비참하게 만들 수 있다는 것을 배웠다. 윤이상 음악가의 삶도 그렇다. 이념이 다른 남북한의 민족전쟁이 가져다준 불행이었다. 그래도 선생님과 그 가족들이 행한 행동에 대해 아쉬움은 여전히 남는다. 북한과 이념이 다른 대한민국의 국민인 선생님과 그 가족들의 행위에 바람직하지 못한 면이 많았다고 생각된다.

아들과 유럽 자동차 여행을 할 때다. 아들이 가져온 숙박료 영수증의 국적 난에 사우스 코리아가 아니고 노우스 코리아로 기록되어 있어 깜짝 놀랐다. 사우스 코리아로 바꾸어 달라 하였더니 그게 무슨 큰일 있냐고 하던 직원의 표정이 생각난다. 그때 동백림사건 같은 기억이 떠오르고 그런 사건에 휘말리면 어쩌나 두려웠다. 아직도 전쟁 중이며 세계에서 유일한 분단된 조국에서 사는 우리를 그들이 어떻게 이해할 수 있을까 생각했었다.

강의를 처음 시작하면서 교수님께서 접근하기 어려운 주제로 장을 열어 조심스럽다 하신 말씀이 이해된다. 위대한 사람과 훌륭한 예술가, 그리고 평범한 사람들 모두가 정치의 소용돌이에 휘말리면 본의 아니게 왜곡되고 비참한 생을 마감할 수 있는 운명에 처할 수 있다. 윤이상 선생의 강의를 들을 수 있으며 그의 예술혼을 파헤쳐 볼 수 있는 시간을 가지는 환경은 우리나라의 정치와 국민들의 사상이 시간의 흐름만큼 많이 발전하고 성숙했다는 사실이라 생각해 보는 시간이었다.

세상에서 제일 안 좋은 것

불볕더위가 이어진 올해 여름은 힘들었다. 전기 누진세가 겁나서 냉방시설이 좋은 도서관을 다녔다. 시원하여 피서지로선 일품이지만, 잠이 오고 지겹고 피로감이 쌓였다. 그때 옆에서 맛있는 커피 향이 솔솔 코와 입맛을 자극하였다. 순간 군침이 돌고 무척 먹고 싶어졌다. 열람실을 나와 2층 커피 매점 앞에 서니 눈이 반짝 띄었다.

향긋한 커피 향이 온몸을 감쌌다. 얼음을 가득 넣은 커피 한 잔이 일천 원이다. 커피 값도 마음에 들었다. 한 잔을 시켜 마시니 속이 시원하고 지겹고 고단했던 마음이 상쾌해졌다. 달콤한 맛을 떨칠 수 없어 열람실에 가져가려고 한 잔을 더 주문하였다. 매점 주인 여인이 웃음 가득한 얼굴에 약간 의아해하며 커피 잔을 감싸듯 쥐어 주고는 "조심 하세요. 책을 보러 오셨어요?"등등 여러 말을 하였다. 그런데 그 여인이 베푸는 친절이 순수하게 받아들여지지 않는 내 마음이 문제였다. 그녀의 눈빛에 어찌 이리 늙은 사람이 도서관에 오는지, 정말 책을 읽으려고 왔는지, 무엇을 하러 왔는지가 궁금해 하는 표정으로 읽혔다.

열람실에 와서 그녀의 표정을 떠올리며 손거울을 보았다. 내 얼굴이 "그렇게 할 만도 하네." 하면서도 서글퍼졌다. 늙음도 슬픔이다. 어머니께서 "세상에서 제일 안 좋은 것이 뭔지 아느냐? 늙는다는 것이다." 고 한 그때는 이해할 수 없었던 말씀을 비로소 실감하는 날이었다.

로봇? 인공지능 로봇의 세상이 오면

로봇은 인간이 힘들어 하거나 위험한 일을 대신시키기 위해 만들어졌다. 거대한 물건을 옮기고 공장 기계를 생산하는 곳에 쓰이는 것만도 대단하게 여겼다. 이제 그들이 일상생활에 들어와 사람들이 하는 역할을 모두 할 수 있게 되는 날이 머지않은 것 같다.

며칠 전 친구가 카톡으로 동영상 한편을 보내왔다. 2015년 영국에서 제작한 드라마 "Humans 휴먼즈"다.

직장여성인 부인이 집안일을 제대로 돌보지 못하자, 남편이 인공지능(AI)로봇 가사도우미 "아니타"를 구매하였다. 아니타는 얼굴이 예쁘고 청소도 잘하며 식구들의 입맛에 맞은 식사를 때맞추어 잘 챙겨 준다. 딸은 서두르지 않고 동화책을 읽어주는 로봇이 엄마보다 좋다고 한다. 주부는 로봇으로 인하여 소외감을 느낀다. 로봇이 정서가 불안해하는 주부에게 말한다. 자기는 아이들을 잘 돌보며 빠르고 관찰력과 기억력이 뛰어나고 화를 내지 않으며 두려움이 없다. 마약과 술도 하지 않는다. 그러나 부인처럼 가족에게 사랑을 줄 수는 없다고 위로한다. 인간의 마음마저 읽는 로봇에게 주부는 할 말이 없다.

재활치료가 필요한 부인에게 재활치료 인공지능 로봇이 곁에서 돌보아 준다. 신경이 날카로운 남편보다 모든 면에서 훨씬 잘 돌보아 주니 부인이 남편보다 로봇을 더 신뢰하고 의지하게 되어 부부 사이에 균열도 생겨난다.

로봇이 생활화되면 사람들이 힘들고 귀찮게 생각하는 일은 모두 그들이 하게 된다. 그러면 사람들의 일자리는 자연히 줄어든다. 임금 인상도 노동운동도 하지 않고, 불량품 생산도 없으니 사용자들은 모두 로봇을 좋아할 것이다. 병원의 수술도 로봇이 더 잘 할 것이니 의사도 많을 필요가 없다. 전문적인 일을 모두 데이터에 의해서 하니 사람이 하는 것보다 정확하다. 노래도 유명한 가수보다 잘 부를 수 있고, 그림도 고흐보다 더 잘 그리니 화가도 필요 없다. 글을 쓰는 작가도 마찬가지일 것이다. 사회 곳곳에서 인공지능 로봇이 일하고 버는 돈을 받아 생활하게 될 것이라 한다. 인간이 설 자리는 로봇으로 할 수 없는 특수한 알고리즘을 사용하는 분야 외에는 필요가 없어진다. 따라서 미래는 사회생활 수준의 격차가 특수한 엘리트 집단과 보통사람들로 나뉘어 더 심화할 것이라 한다. 조금은 실현될 수 없는 듯 보이지만, 약 20년 후면 사회생활에 일반화되는 인공지능 로봇이 생산되리라 과학자들이 예언하고 있다.

동영상을 여러 번 반복하여 보았다. 실현될 수 없는 과학 이야기가 아니다.

어릴 때 읽은 구름을 타고 날아다니는 손오공 이야기, 아라비아 나이트의 신비한 이야기와 "해저 2만리" 동화에 등장하는 상상의 잠수함 이야기가 현실이 되어 다니고, 제비처럼 보이는 접시 비행기가 초고속으로 우리 머리 위로 날고 있다. 지구에 앉아서 과학자들이 우주 비행장을 만들고 실제로 달나라와 행성에 보내는 위성을 띄우고 조정하고 있다. 어릴 적 우리가 상상할 수조차 없는 일들이 과학을 통하여 이루어지고 있다.

스위스 로봇 회사 ABB가 만든 휴먼 노이드 '유미YuMi'가 2017년 9월 12일 이탈리아 피사의 베르디 극장에서 세계적인 테너 가수 안드레이 보첼리와 루카 필하모니 오케스트라의 협연을 지휘하고 있는 사진이 조선일보에 실렸다. 음악감독 안드레이아 콜롬비니가 리허설에서 선보인 지휘를 유미가 컴퓨터에 입력해 지휘봉을 들고 양팔로 재현했다. 신문에 찍힌 사진은 얼굴 없는 로봇의 지휘에 따라 오케스트라 단원들이 열심히 연주하고 있다. 콜롬비니 감독은 "지휘자의 부드러운 동작과 풍부한 표현력을 잘 재현했다."고 했다.

9월 18일 오후 경기도 고양시 '스타필드 고양'의 장난감 전문 매장 '토이 킹덤'에 사람을 닮은 키 58㎝의 휴먼 노이드 로봇 '띵구' 앞에 어린이들이 모여 들었다. 띵구는 이마트가 이날 처음 선보인 '말하는 쇼핑 로봇 도우미'이다. 한 어린이가 무대에 설치된 태블릿PC에서 '장난감 추천' 메뉴를 고르자, 띵구가 고개를 움직여서 아이와 눈을 맞췄다. 아이의 모습을 스캔해 성별과 나이를 인식한 띵구는 "여섯 살 남자 어린이에게 추천할 장난감을 보여주겠다."고 말했다. 태블릿 화면에 대금 3만 6천 8백 원. 요즈음 어린이에게 가장 인기 있는 로봇 애니메이션에 나오는 '헬로 카봇 시계'가 떴다.

30대 남성의 질문에는 띵구가 '드론'을 추천한다. 띵구는 일본 소프트뱅크 로봇 틱스 사가 개발한 휴먼로이드 로봇 '나오Nao'에 미국 IBM의 인공지능(AI) '플랫폼 왓슨Watson'을 탑재해서 만든 제품이다. 매장에 전시된 상품의 위치를 알려주고 어린이들에게 '음성 퀴즈'를 내는 놀이도 할 수 있단다. 동영상 휴먼즈와 신문에 실린 기사를 보면서 과학이 빠르게 발전하는 것에 무서운 전율이 느껴진다. 인공지능 세상이 유토피아가 될지 디스토피아가 될지 알 수 없지만, 로봇은 이미 우리 생활 속에 깊숙이 자리하고 있다.

이집트 여행에서 2, 3천 년 전 왕들의 무덤 안 벽화 색채가 너무 선명하여 놀라웠다. 피라미드와 스핑크스, 미이라 그리고 박물관에서 금으로 된 사람이 만들었다고 할 수 없는 신이 만든 듯 보이는 예술 조각품 등 많은 유적을 보았다. 인간이 만든 문명과 문화가 최상의 경지로 발전하다 멸망을 맞았고 다시 태어난 인간 세상의 발전이 지금 최상을 치닫고 있는 게 아닌가 생각해 보았다.

요즈음 북한의 계속되는 핵, 미사일 위협으로 한반도가 핵전쟁의 소용돌이 중앙에 있다는 불안한 뉴스가 매일 귀를 때린다.

만약 핵전쟁이 일어난다면 적군도 아군도 없이 모두 사라지고 세상은 잿더미로 변할 것이다. 인간은 인간이 발전시킨 최첨단 무기로 패망할 것 같다. 첨단과학의 발전이 지구의 멸망을 서서히 조여 오는 것같이 느껴지는 것은 나만의 생각이 아닐 것이다. 인공지능 휴먼 로이드의 이야기가 알려 주는 것 같다.

문예창작 세미나 노트에서

문예사조사 강의 내용 요약

문예사조사란 어떤 시대와 시기에 일어난 특정한 문학현상으로부터 발전된 것으로 중요한 문학의 유파와 집단들이 지니는 사상적, 예술적 특색을 포괄하는 일정한 흐름을 뜻한다.

고전문학의 바탕이 된 헤브라이즘Hebraism과 헬레니즘Hellenism의 이해가 나에게는 어려웠다.

헤브라이즘은 신의 세계가 중심적 사상이다. 영靈을 대표하고 신 앞에 절대복종하며 그리스도교를 탄생 시킨 유태민족의 유일 신앙으로 금욕적, 이상주의 세계관이다. 중세 암흑시대의 중심사상이며 사후 천상의 생활이 목표다.

헬레니즘은 인간 중심적 사상이다. 지상의 생활을 최상 목표로 한다. 육肉(물질)을 대표하는 그리스(희랍) 문화와 오리엔트 문화(지중해)가 융합하여 세계적 문화로 발전한다. 14~16세기 이탈리아를 중심으로 일어난 고대 그리스, 로마의 고전을 부활시킨 문예부흥 Renaissance운동으로 발전한다.

헤브라이즘 문학은 신의 문학이다.

형이상학적 사상을 중심에 두고 신을 존경하고 절대복종하는 그리스도교의 전지전능 하신 하느님 말씀인 바이블(성경)중심 문학이다.

헬레니즘 문학은 인간의 문학이다.

그리스신화에서 볼 수 있듯이 신의 절대적 권능을 주장하지 않고 종교적 의식을 암시하면서 인간의 영웅담을 다루었다.

그리스, 로마문학은 헬레니즘과 헤브라이즘사상을 바탕으로 한 고전문학의 중심이 되었다.

그리스의 전설적인 시인 호오머Homer(800? B.C)의 일리아드Llias는 10년에 걸친 트로이전쟁의 마지막 49일간을 기록한 서사시다. 유명한 트로이목마 이야기가 나온다. 오딧세이Odysseia는 트로이 성을 함락시킨 후 고향 이타가로 귀국하는 길에 오딧세이 장군이 10년간 겪는 풍란과 온갖 모험, 자신의 부재중에 가족들이 당하는 사건들이 서술된 서사시다.

디오니소스Dionysos는 주酒신이었으나 풍요와 수확의 신으로 바뀌어 이를 찬양하는 제전에서 출발하여 집단적으로 춤추고 노래한 것이 연극의 시초였다.

비극은 기원전 535년 아테네에서 디오니소스 신의 제전을 축하하는 경기 종목이 되었다. 시인 세 사람의 작품을 3일간 경연하여 우승

자는 시인으로서 최대의 명예가 주어졌다. 그리스 3대 비극 시인은 소포클레스, 아이스킬로스 에우리데스다. 그 중 소포클레스는 오이디푸스 왕과 그 왕과 연결된 안티고네의 비극공연으로 아테네인의 우상이 되었다.

로마제국은 유럽과 서남아시아와 아프리카의 일부 국가까지 정복하여 거대한 제국을 이루었지만, 정복지인 그리스문화에 매혹되었다. 로마문학인 라틴문학은 그리스문학을 바탕으로 한 모방문학으로 세계문학의 중요한 위치에 있지 못하다.

중세문학은 대로마시대의 중앙집권적 문화의 지도성이 상실되었다. 그리스도교의 세력이 확대되면서 로마 황제를 저항하였다. 로마 병사들에게 짓밟혔던 사람들이 기독교를 찬미하였다. 콘스탄티누스 왕이 기독교를 국교로 삼자 모든 문화와 문명이 기독교를 위한 것이 되었다. 문학도 성경문학 형태로 나타났다. 그 결과 문학이 교회의 도구로 전락하였다. 그래서 이 시대문학을 암흑기 문학(4,5세기~14, 15세기)이라 일컫는다. 이에 반대하여 일어난 움직임이 종교개혁으로 발전하여 문예부흥운동 즉 르네상스시대가 열렸다.

문예부흥운동은 예술(음악 미술 문학 무용), 철학, 과학 등 고대 그리스 로마의 고전을 부활시킨 문예운동이다. 즉 르네상스는 중세의 봉건적인 인습과 무지와 미신을 타파하는 학문을 부흥시키고 인간성을 발견한 역사적 흐름이다.

르네상스문학의 특성은 문학 장르의 형식적 전형을 세우고, 내용은 인간의 본성과 이상을 탐구하였다.

시인 페트라르카, 보카치오의 테카메론(세계 산문소설의 첫 전형) 단테의 신곡, 세르판테스의 돈키호테 등이 있고 영국은 15세기에 와서 시인 모어의 유토피아, 밀턴의 실낙원과 복락원, 번안의 천로역전, 시인이며 극작가 섹스피어가 등장한다.

고전주의Classicism문학은 18세기 인본주의문학으로 발전한다.

핵심사상은 자연의 모방, 이성과 판단의 우위성, 규칙의 존중, 교훈적, 이상적인 미를 강조한다. 그러다 차츰 지나친 규격과 교훈적 사상에 염증을 느끼게 되어 고전주의가 붕괴되었다. 18세기 후반 19세기 초에 낭만주의Romanticism문학으로 일어났으나 19세기 중엽에 세력을 잃는다.

로맨티시즘의 반동으로 19세기 중엽에 일어난 사실주의Realism문학, 자연주의Naturalism문학, 상징주의Simbolism문학이 나온다. 20세기 초에 형성된 전위 예술운동인 미래파Futurism, 입체파Cubism, 다다이즘Dadaism, 다다는 별다른 뜻이 없다. 아무것도 의미하지 않는 모든 부정의 강조다. 초현실주의Surrealism문학, 표현주의Expressism, 이미지즘Imagism, 실존주의Existentialism에 이어 나온 포스트 모더니즘Post Modernism은 모더니즘의 기본 입장에서 벗어난 '탈' 개념이 특징이다. 여성주의 페미니즘Feminism문학까지 공부하였다.

1박 2일 하계 문예창작 세미나를 떠나다.

6월초에 발생한 중동 전염병 메르스로 인하여 사회가 많이 위축 되고 여행과 모임이 취소되는 사례가 빈번하다. 글로벌 시대가 맞긴 맞는가보다. 나의 짧은 소견은 메르스는 감기의 일종인 변형된 바이러스로 생기는 병이라 하니 우리가 지나친 염려를 한다는 생각이 든다. 전염병을 무서워하고 철저히 예방하여야 한다는 뜻에는 공감하지만, 많은 지상파 방송들이 나서서 14세기 유럽전역을 휩쓴 흑사병처럼 공포를 조장하는 듯 떠들어대며 사회를 불안 속으로 몰아가는 것에 반대한다. 급속하게 전염되지만, 우리나라의 의료기술이나 사회 환경이 우리들 어린 시절 5,6십 년 전처럼 열악하지 않고 국민들의 위생의식이 선진국 수준이다. 사회 여러 계층에서 지나치다는 의견이 있어도 선출직 정치인이 많으니 선거를 의식하여 차분히 대응하지 못하고 휘말리다 사회가 차츰 위축 되고 불안에 떨게 된 듯싶다. 이제 조금씩 제자리로 찾아가니 우리도 하계세미나 여행을 떠난다.

교실에서 하는 이론 수업보다 자연을 접하며 현장학습으로 하는 창작기법의 강의 내용을 요약해본다.

좋은 시를 쓰려면

1, 현재 자신의 시 세계에서 벗어나라. 즉 고정관념에서 탈피하라

세상을 바꾼 위대한 IT천재 스티브 잡스(1955~2011)의 예를 들었다. 미국기업 애플은 CEO이자 공동창립자인 그가 틀을 깬 고정관념에서 탈피했기에 가능했다. 그는 자기와 뜻을 같이하는 약 300명에게 백만장자를 만들어 주겠다고 선언하였다. 제2의 애플사가 성공하여 그 300명 모두가 정말 신화처럼 백만장자가 되었다. 교수님은 우리도 자신들의 틀을 깨고 고정관념에서 벗어나 새로운 시 세계를 찾

아 치열한 열정과 피나는 노력으로 시를 쓴다면 정말 제대로 된 좋은 시를 쓰게 된다. 스티브 잡스처럼 300명의 백만장자가 아닌 시인 30명쯤 좋은 시를 쓰는 시인을 탄생시키고 싶다는 말씀에 박수를 보냈다. 강의를 듣는 내내 가슴이 뭉클하고 교수님에게 세월이 거꾸로 흘러갔으면 좋겠다는 생각을 해보았다. 나이 타령으로 가득한 나를 되돌아보았다. 희망과 포부를 가득 담고 열정적으로 하시는 강의를 듣는 대열에 함께 할 수 있어 행복하다.

2, 우리가 왜 지리산에 왔는가?

현장학습을 왔으면 겉으로만 볼 게 아니라 이 현장에 관한 모든 것을 알고 관찰해야 한다. 맞다. 여행을 하면 여행지에 대한 사전 공부를 충분히 하고 가야 제대로 된 여행을 할 수 있다. 아는 만큼 보인다 하지 않는가. 지리산에 왔으니 위치와 지형 여러 산봉우리들의 크기와 특성을 포함한 숨은 역사까지 일일이 공부하였다.

지리산은 백두대간의 끝자락으로 한라산의 3.3배. 설악산의 2.3배로 큰 산이며 전라남도의 남원시 구례군 곡성군 장수군과 경상남도의 함안군 산청군 하동군 등 1시 6개 군에 위치하고 최고봉인 천왕봉의 높이는 1915m다.

반야봉, 천왕봉, 노고단 등을 비롯하여 약 20여 개의 작은 봉우리가 있다. 민족의 영혼과 정성이 서려있어 색깔과 감동을 철따라 다르게 주는 신령의 산, 정신의 산, 영혼의 산이다. 정복의 산이 아니고 물처럼 스며드는 바다처럼 계곡과 숲의 살아있는 모든 동식물을 포용하는 모성의 산이라 했다.

산은 바다와 같다. 바다가 뭍에서 흘러오는 모든 강줄기를 품어 안는 것처럼 그 안에서 일어나는 구구절절한 사연 모두를 포용한다. 그러기에 문인들은 승자의 기록인 역사에서 벗어나 역사가 놓친 억울한 사연, 숨은 기록들을 찾아 억울한 영혼들의 소리, 울음의 소리를 써야 된다. 역설하시고 지리산의 시를 쓴 고정희 시인의 「천벌 받은 고산목」 이성부의 「사람이야말로 꽃피는 동물」 손수권 이원규 시인과 부산의 강영환 시인 (고인 강영환이 아님)을 소개하였다.

소설은 이병주의 『지리산』을 예로 들었다.

"지리산에 가면 살 길이 있다. 지리산에 가면 살길이 있을까"로 요약하였다. 외침과 회의의 문학이라 평하셨다.

젊은 시절 이병주의 『지리산』 7권 읽었다. 줄거리 전개는 희미하게 떠오를 뿐이다.

세미나에서 돌아와 인터넷에서 줄거리와 감상문을 읽었다. 빨치산들의 이야기다. 지리산 자락의 주민들이 밤에는 빨치산들에게 낮에는 그들에게 생활용품과 먹을 것을 제공하였다며 경찰들에게 모진 매질과 시달림을 받았다. 마음 아팠던 기억이 새록새록 살아났다.

『지리산』을 읽을 무렵 빨치산을 내용으로 한 소설이 재미있고 우리의 근대사여서 여러 권을 읽었다. 이문열의 『영웅시대』도 읽었다. 일제강점기에서 8·15해방과 6·25사변을 겪으며 이념의 갈등 속에서 한 가족의 이별과 고통의 수난사를 주제로 한 작가의 자전적 소설이었다.

조정래의 대하소설 『태백산맥』 10권은 나를 독서삼매에 빠져들게 했다. 일제강점기 말에서 6・25사변 전후의 이야기를 지리산을 배경으로 한 마을 벌교를 중심으로 이루어지는 시대상과 수많은 등장인물들 빨치산 이야기, 이념의 갈등이 진지하고 재미있어 책을 놓을 수 없었다. 소설을 쓴 작가는 방대한 자료수집과 인물성격들을 표현하기 위하여 얼마나 많이 공부하고 긴 시간을 투자하였을까. 대하소설을 쓴 작가들은 신이 내려 준 탁월한 소질과 영감이 있어야 쓸 수 있으리라 생각되었다.

현장학습을 위해 약 한 시간을 넘게 달려 섬진강변의 평사리공원에 내려 시를 쓰는 시간을 가졌다.

지금까지 써온 틀을 벗어나되 너무 잘 쓰려는 마음을 내려놓고 편안한 마음으로 눈에 보이는 곳을 자세히 살피며 귀로 들리고 발에 밟히는 것들을 써 보라 하셨다. 모두들 열심히 관찰하며 쓰는데 나는 시심이 부족한 탓인지 산, 강물, 구름, 모래벌판에서 마음을 썩 움직이는 감동과 감성이 잡히지 않았다.

시 쓸 때의 감성과 현장의 모습을 일일이 설명하는 즉 시작 노트의 강의가 있었다.

참가한 16명이 차례로 현장에서 쓴 시를 낭송하는 시간이다. 나는 아예 낭송을 안 하려했으나 모두가 하는데 빠질 수 없어 어설프게 쓴 시를 낭독했다.

멀리 구름 아래
첩첩이 굽어진 산줄기 따라
긴 세월 품고 숨은 삶에
개망초 하얀 꽃무리 바람결로
흔들리고 흔들어서 춤이라 하네
뜨거운 모래 벌 사연을
움켜쥐고 달려온 강물에 풀어도
물고기 한 마리 낚지 못한 내가
시를 낚고 앉았네

- 졸시 「평사리 공원에서」 전문

작품 한 편 한 편의 행과 연에 표현된 시어들을 지적 수정하고 토론하는 시간을 가졌다. 단어 한 음절의 적절한 표현이 시 전체의 묘미와 생명을 좌우한다.

시어의 표현을 맥박을 짚어가듯 꼬집어 주시는 좋은 시간이어서 함께한 시인들에게 많은 도움이 되었다. 우리 회원들의 시 창작능력이 예사롭지 않음을 보았다. 교수님은 사물을 꿰뚫어 보는 관찰력과 고정관념을 깨고 색다르게 보라 하시지만, 그게 잘되지 않는다. 시 쓰기를 접어야 할까하는 갈등이 맴돌다 간다. 열정적인 강의를 듣고 노력하면 아름다운 꽃송이 피울 수 있을까!

한 생애를 돌아보며

어떤 삶이 한 생애를 잘 살았다 할 수 있을까.

막냇동생에게서 전화가 왔다.

"언니야, 양산 작은 엄마가 돌아가셨단다. 방금 작은집 언니에게서 전화 왔다."

"뭐라고 돌아가셨다고, 아직 좀 더 계실 것 같았는데."

숙모님이 계신 요양병원에 다녀온 지 얼마 지나지 않은 것 같은데 돌아가시다니 노인의 병세는 정말 알 수가 없다.

93세인 숙모님을 오랫동안 뵙지 못하였다. 숙모님을 뵈러 가면서 어릴 적 이야기를 많이 하였다. 막내 여동생과 나는 10살 차이이다. 운전하고 가는 사촌 여동생과도 5, 6년 차이가 있으니 양산 작은집에 다닐 때 이야기를 그들은 태어나지도 않았던 터라 듣고 재미있어 하였다. 차창으로 보이는 양산으로 가는 길은 너무 많이 변해 있었다. 넓은 들판과 차가 지나가면 연기처럼 내뿜던 흙먼지로 덮인 신작로와 길가에 옹기종기 모여 있던 초가집들이 어렴풋이 뇌리에 스쳐 지난다.

일가친척이 먼 지방에 살지 않아 초등학교 다닐 때 방학이 되면 양산 계석리에 있는 작은집에 한 번 다녀오는 것이 제일 큰 여행이었고 가장 큰 행사였다.

작은집은 양조장이었다. 그때는 술도가라 불렀다. 마당 가득히 덕석에 술 빚을 하얀 고두밥이 널려 있었다. 오며 가며 고두밥을 볼이 불룩하게 한 줌 집어 꼭꼭 씹어 먹으면 꼬들꼬들한 밥알의 단맛이 감돌아 진짜 맛있었다. 나보다 세 살 많은 언니와 나와 동갑인데 생일이 늦은 남동생과 그 아래 어린 남동생은 생각나지만, 지금 운전하고 가는 동생은 태어나지 않았던지 기억에 없다. 그러니 참 오래된 이야기다.

할머니께서 한 번씩 작은집에 다니러 가시면 두어 달 머물다 오셨다. 그러면 사촌들의 자랑이 입에 걸리셨다. 언니는 수를 잘 놓는 얌전한 손녀고, 나와 동갑인 남동생은 손재주가 많아 만들기를 잘한다며 수수깡으로 만든 자전거와 저울을 가져다주기도 했다. 만나면 무엇이든 척척 만들어 주던 그가 자랑스러웠다. 수수깡으로 만들어준 저울과 안경을 여름방학 만들기 숙제로 제출하여 담임선생님의 칭찬도 받았다. 만들기에 소질이 있던 동생은 서울의 명문 공대에 진학하였다. 우리나라가 산업을 일으키던 시절 지금은 대기업이 된 회사에 창업 멤버가 되었지만, 40대에 불의의 사고로 세상을 떠났다. 착하고 집안의 기둥이던 아들을 먼저 보낸 숙모님의 마음이 얼마나 아리고 아팠을까. 생각하면 가슴이 메여온다. 착실하고 자기 일은 알아서 잘하는 아들이기에 기도해주지 못한 것을 후회하신다는 이야기를 들었다. 자식이 여럿이다 보면 부모는 좀 못한 자식을 더 걱정하고 기도한다. 잘 사는 자식은 자랑스럽게 여기며 고마워하지만, 그냥 잘하려니 믿고 산다. 그러다 불의의 사고로 보내었으니 더욱 힘들었을 것이다.

동래고등학교에 진학한 사촌 동생은 우리 집에서 다녔다. 우리는 대학입시를 앞둔 학생이었다. 한 학년 위인 나는 학교에서 돌아오면 저녁을 먹고 바로 잠자리에 들었고, 12시나 새벽 한 시쯤에 일어나 공부를 하는 요즈음 말하면 아침형 인간이었다. 반대로 동생은 저녁에 공부를 하고 내가 일어날 때쯤 자는 저녁형이었다. 동생은 유난히 가루음식을 좋아했다. 어릴 적에 밀가루를 밥 위에 얹어 쪄주는 떡을 제일 좋아했었다. 부산대학교 학생이던 오빠와 둘이서 저녁 공부를 마치면 꼭 국수를 삶아 먹었다. 어머니는 멸치 육수와 양념장을 항상 준비해 놓았다. 매일 저녁 국수를 삶아 먹고 한 그릇을 남겨주며 깨워주었다.

그때 국수는 우리밀 국수라 약간 누런빛인 면발이 굵고 다발도 컸다. 자다 일어나 남겨놓은 국수 한 대접을 먹으면 맛있고 힘이 나서 밤새워 공부하고 학교에 가도 피곤한 줄 몰랐다. 그래도 어떤 때는 한참 먹을 나이어서 그랬는지 모르지만, 다 먹고 없는 날이 있었다. 그런 날이면 얼마나 서운했는지, 어머니에게 섭섭함을 일러주기도 했다.

어머니는 세월이 흐른 뒤 끼니마다 밥 먹는 식구가 이삼십 명씩 되니 집안일이 바빠 고명을 챙겨주지 못해도 국수를 삶아 맛있게 먹던 우리가 항상 고마웠단다. 연탄불도 가스도 전기난로도 없던 시절에 오빠와 동생은 숯불도 피우고 자잘한 나무와 종이를 준비하며 국수 끓이는 게 힘들었다고 한 번도 끓여보지 않고 먹기만 한 나에게 그 고충을 아느냐며 핀잔을 주었다. 밤참 국수 먹던 이야기는 어른이 된 뒤 우리의 추억이며 사촌들 사이의 이야깃거리가 되기도 했다.

과자와 간식이 귀하던 시절 초등학생인 우리가 작은집에 가면 맛있는 여러 가지 고물 묻힌 찰떡을 큰 양푼에 수북이 담아 방 가운데 놓아주었다. 그러면 그 동네 또래 동무들과 뒷산과 시냇가에서 놀다 돌아와 먹으면 꿀맛이었다. 함께 노는 동네 동무들이 많아 항상 즐거웠다. 내 기억 속 숙모님은 언제나 풍성하셨다.

사라호 태풍이 왔던 그 해 겨울방학이라 기억된다. 태풍으로 벼농사가 다 쓸려가서 동무들 집에 가면 도토리 밥을 먹었다. 밥 색깔이 팥밥처럼 불그스름하여 너무 맛있어 보였다. 우리도 도토리 밥해 달라 졸랐으나 떫고 맛없어 못 먹는다며 해주지 않았다. 하는 수 없어 뒷산에서 도토리를 한 소쿠리 주워와 해달라고 떼를 쓰니 "너그 남구지 말고 다 먹어라."며 해주셨는데 떫고 맛이 없어 먹을 수 없었다. 철부지 어린 시절 이야기다.

삼촌은 환갑잔치를 한 다음 해에 돌아가셨다. 그 뒤 30여 년 큰살림을 꾸리고 칠 남매를 거두시는 일이 어찌 힘들지 않았겠는가.

노인이 오래 살다 보면 자식들을 앞서 저 세상으로 보내게 된다. 숙모님도 두 아들을 먼저 보내셨다. 자식은 가슴에 묻는다는 그 가슴 아픈 사연에 기도하며 절에서 많은 시간을 보내신다는 이야기만 전해 듣다가 뵙고 온 지 얼마 지나지 않았는데 가시다니, 돌아가신 친정어머니의 병세를 참고하면 숙모님은 건강하여 오래 계실 줄 알았다. 얼굴이 맑고 깨끗하며 건강해 보였다. 오랫동안 못 봤던 우리를 알아보고 이름도 불렀다. 많은 기억들을 떠올리며 제법 이야기를 나누었다. 그러면서 "내가 죄를 많이 지어 오래 산다." 자책하시며 빨리 돌아가시기를 원하셨다. 그럴 때 우리는 할 말이 없었다. 오래 사셔야 좋을지 그냥 돌아가시는 게 좋은지를….

장례식에 환히 웃고 계신 영정을 보며 내 마음속에 계신 숙모님의 생애를 떠올려보았다.

어머니는 가끔 젊은 날 이야기를 들려주셨다. 신씨 집안에서 시집온 어린동서가 부지런하고 품성이 좋아 함께 집안 살림을 일으킬 때 서로 큰 힘이 되었다고. 부지런한 형제들의 힘이 합쳐져 양조장도 열고, 정미소도 일구어 어렵던 시절 사촌들이 모두 잘 자라고 공부할 수 있는 밑거름이 되었다. 노령에 좋은 아들 둘을 가슴에 묻고 얼마나 마음이 아팠을까. 남 앞에 말도 표정도 제대로 내색하지 못하고 생각하면 마음이 시리다. 그래서 절에서 기도하며 많은 날을 보내셨구나. 짐작할 뿐이지 그 마음을 어찌 헤아릴 수 있을까.

요즈음 백세시대라 한다. 건강을 위한 약과 음식들이 TV 채널마다 넘쳐난다. 노령 인구는 많아지고 사회적인 여러 여건이 노인들에게 살기 좋은 시간을 보낼 수 있도록 배려하고 있다. 운동 시설도 취미 활동도 우리의 부모님 세대를 생각하면 지금의 노인 생활은 천국이고 극락인 셈이다. 나이에는 장사가 없다 하지 않는가. 노령에 접어드니 두려워진다.

얼마쯤 어떻게 살다 떠나야 좋은 생애가 될까. 자식들에게 짐이 되지 않는 삶, 즉 자기 일은 자기 손으로 할 수 있고 살아생전에 자식들 앞세우는 가슴 아픈 일 당하지 않는 삶이면 좋겠다.

밀주 단속이 심하던 시절에 작은집 술도가는 밀주 단속을 나오면 집집이 미리 알려주어서 계석 동네는 단속에 걸리는 집이 없었다. 친정아버지께서는 평소에 "집에 오시는 손님이 먹는 음식은 우리 집 음식을 먹고 가는 것이 아니라 그들의 복으로 먹는 것이니 아까워하지 마라." 하셨다.

평생 남을 배려하고 음식을 나누며 살아오신 친정 부모님과 숙모님 모두 자식을 앞세우고 가슴 아파하셨다. 사람의 힘으로 어쩔 수 없는 일을 당할까 두려울 뿐이다. 제발 적당하게 형제들과 좋아하는 친구들을 만나 즐거운 이야기를 나누며 맛있는 음식 사먹을 수 있는 날까지 살았으면 좋겠다. 생을 마음대로 할 수 없는 모든 노인의 소망이리라. 앞날을 내려다볼 수 있는 혜안이 있다면 좋을 터이지만 그렇지 못하니 기도할 뿐이다. "어떻게 살아야 잘 살았다."고 할 수 있을까 생각해 보아도 답이 떠오르지 않는다.

시간이 왜 이리 빨리 지나가는지 나이만큼 가속이 붙는다는 말이 맞는 것 같다. 오늘 일어나 눈 뜸에 감사하고 밥 먹고 집 안 청소하고 일상생활을 여는 것이 즐거움이고 행복이라 여겨본다. 아침마다 내 주위가 평안하고 자식들 건강하게 하루를 열어가기를 기도한다.

지금은 성공한 듯 보여도

달리는 차창 밖으로 나무들이 진초록에 붉고 노란 물감을 뿌린 듯 어우러진 가을의 첫 자락 정경이 무척 신선하다. 섬 전체를 정원과 테마공원으로 아름답게 꾸며놓은 남이섬을 간다. 간혹 엽서에서 늘씬한 군인들이 사열하듯 줄지어 서 있는 메타세쿼아 숲길과 노란 은행잎이 양탄자처럼 깔린 환상적인 황금빛 은행나무 길이 나를 남이섬을 동경하게 했다. 아무리 가고 싶어도 부산에서 춘천까지는 먼 거리다.

남이 장군은 조선 3대 태종의 외손으로 17세에 장원 급제를 하고 27세에 병조 판서가 되었다. 병조판서란 현재 국방부 장관이다. 젊은 나이에 문과 무를 모두 겸비하여 높은 벼슬에 오른 천재였으니, 그 자존감이 얼마나 높았을까.

계유정난으로 어린 조카 단종을 몰아낸 세조가 왕위에 오르자 북방이 어지러웠다. 이 시기에 일어난 이시애 난을 평정하고 서북 면의

여진을 정벌한 업적으로 남이 장군은 병조판서가 되었고, 백두산에 올라 시를 읊으니

白頭山石磨刀盡백두산석마도진	백두산의 돌은 칼을 갈아 쓰는데 다하고
豆滿江水飮馬無두만강수음마무	두만강 물은 말을 먹여 없애리
男兒二十未平國남아이십미평국	사나이 스무 살에 나라를 평정치 못하면
後世誰稱大丈夫후세수칭대장부	후세에 누가 대장부라 하리오

위의 시에서 셋째 줄 미평국未平國의 평을 미득국未得國으로 바꾸어 쓴 반대파 유자광이 "득"자는 곧 나라를 얻는다는 것이니, 역심을 품었다 모함하여 세조에게 고하여서 참수형을 받았다.

호방하고 패기에 넘친 남이 장군은 27세의 한참 혈기왕성한 나이에 병권을 장악했으니 자신감이 넘쳐났을 것이고, 시기와 질투의 한가운데에 서게 되어 결국 죽음을 맞은 것이다. 시대가 바뀌어도 정치판의 모함은 끝이 없다. 국민들을 어지럽게 만들고 곤경에 처하게 하는 요즈음의 댓글 조작이나 유튜브의 동영상과 미투 사건들도 같은 맥락으로 생각되어 씁쓸하고 혼란스럽다.

선착장 앞 상가가 즐비한 마을 앞에서 기껏해야 5분만 타면 닿을 수 있는 섬을 오가는 배가 태평양을 향하여 달려도 될 만큼 엄청 큰 선박이라 놀랍다.

관광객이 무리 지어 섬으로 들어간다. 휴일이 아닌데, 어찌 이리

많은 관광객이 왔을까.

섬을 둘러보는 자유 시간을 가졌다. 너무 많은 관광객이 왔으니 잘못하면 대열에서 이탈될까 부지런히 다녔다. 섬 둘레는 걸어서 한 시간이고, 꼬마열차로 돌면 20분쯤 소요된다. 동화 속에 등장하는 듯 보이는 꼬마열차를 타니 동화의 나라를 접수한 승전군이 되었다.

젊은 미남 가이드가 운전을 하며 섬 곳곳의 명칭과 유래를 설명해준다. 연인의 길을 지날 때는 "이 길을 설명할 때가 가장 언짢다."며 아직 싱글임을 은근히 알려주는 센스도 발휘했다.

섬이 온통 테마파크다. 숲길, 정원, 연못, 여러 이름을 붙인 다리들, 박물관과 여러 전시관, 다양한 숙박시설, 모자람이 없는 관광시설로 가득하다.

꼬마기차에서 내려 천천히 걸으며 섬을 자세히 둘러본다. 피자집에서 먹은 화덕에서 갓 구워낸 피자는 치즈 향에 톡 쏘는 콜라가 찰떡궁합이라 맛이 최고였다. 한식당에 들러서 쇠고기 국밥까지 먹었으니 에너지 충전은 최고다.

박시춘의 노래비 앞에서 새겨놓은 "봄날은 간다."를 목청껏 합창하는 우리를 중국 관광객이 사진을 찍으며 즐겁게 바라본다. 신명이 난 우리는 노래비를 찾아다니며 새겨진 모든 노래를 부르며 옮겨 다녔다.

마침내 남이 장군의 묘 앞에 섰다. 그런데 이 묘가 섬을 개발한 분이 섬에 명칭을 붙이기 위하여 세운 가묘라 한다. 남이 장군의 진짜 묘는 다른 곳에 있다는 놀라운 사실을 알았다. 관광목적으로 남이섬이라 칭한 발상이 대단하다.

선착장을 향한 강변으로 나오니 쭉 늘어선 나무와 나무 사이로 햇살에 반짝이며 비치는 푸른 강물과 소나무들이 강물 빛 따라 함께 움직이며 흘러간다. 처음 접하는 경치라 아름답고 신기하게 보이니 관광객이 흐르는 물빛 따라 걸어간다.

섬을 나오는 대형 선박에 앉아서 지난여름 발칸반도 여행에서 본 슬로베니아의 블레드 섬과 비교해 보았다.

블레드 섬은 이탈리아의 북쪽 알프스산맥이 발칸반도로 이어진 슬로베니아 동쪽 산악지대의 빙하가 녹아내려 만든 호수 가운데 있는 섬이다. 남이섬보다 작지만 아름다운 성당이 있어 유럽의 수많은 관광객이 찾는다. 그들은 나룻배로 관광객을 실어 나른다. 단지 자연을 훼손하지 않는다는 이유에서다. 선착장 건넛마을도 유흥가로 들썩거리지 않았다. 조용하고 깨끗하며 아름다운 자연 그대로의 모습이었다.

낭만이 가득하게 보이던 남이섬이 관광객과 상업목적의 시설물로 꽉 들어차 몸살을 앓고 있어 보여 염려되었다. 섬 주위로 숙박시설 주점 간판들이 빽빽하다. 지금은 성공한 듯 보여도 먼 안목으로 미래를 보면 블래드 섬 같은 자연친화적인 테마파크가 되었으면 좋겠다는 걱정을 해보았다. 세상만사가 현재가 편하다고 평생 편하지 않고 지금의 성공이 평생의 성공이라 할 수 없는 어려운 숙제만 가득하다는 생각을 하며 배에서 내렸다.

박선자의 서사와 서정, 뿌리 찾기와 여행길 탐색

박양근(문학평론가, 부경대 명예교수)

박선자에게 문학은 "짝사랑을 찾아 떠나는 여행"이다. 그 여행은 자신의 뿌리 찾기라는 탐색과 낯선 곳에서 감성을 다독이는 여행으로 이루어진다. 삶과 문학을 아우르는 인생 여행이므로 작가 자신의 인격과 취향을 고스란히 주렴으로 엮어낸다. 그러므로 박선자의 수필에는 인생의 진실과 창작으로의 희망이 소담스러운 꽃으로 피어나게 된다.

이번에 상재한 『우정 씨 카드』는 완숙하고 다정다감한 회고로 엮어져있다. 2006년 ≪새시대문학≫에서 시, 2011년 ≪문학도시≫에서 수필가로 등단한 후 수필집 『예순여섯 살 엄마와 아들이 함께 한 유럽자동차 여행』, 『돌아본 세월, 동행의 사랑』을 상재하고 시집 『세상빛 만드신 땀방울』을 발간한 후 상재한 만큼 서정과 서사의 조합은 이전보다 더욱 완숙해지고 지난 삶에 대한 기억이 무지개 색깔로 나타난다. 남편에 대한 애정은 쑥스러우면서도 눈물겹다. 부모와 고향에 대한 향수는 동심의 마음을 불러일으킨다. 떠났던 국내외 여행길은 지금도 가슴을 설레게 한다. 내면에 침잠하는 작가는 〈글쓰기는 짝사랑〉이란 머리말에서 "연인을 찾아 나서듯이 깊숙한 내면을 들어다보면서 완성한 한 편의 글"이라고 전한다. 나를 정화하고 행복하려면 어떻게 살아야 할까. 박선자는 "만사를 고맙고 기쁘게 여기는" 인성이라고 수필집에서 밝히는 것이다.

작가에게 삶은 문학적 여행이다. 작가는 갖가지 희비애락이 놓인 길을 걷는 동안 파란만장한 삶을 여과시켜 맑은 등대가 되고자 갈망한다. 박선자의 수필이 서사로서 서정과 지성의 결실을 맺을 수 있었던 것은 오직 담담하게 쓴다는 작가정신을 올곧게 지켜왔기 때문이다. 그 점에서 『우정 씨 카드』는 박선자의 산문세계가 어떠한 문학적 발전을 이루었는가를 보여준다.

1. 뿌리 찾기와 자아 글쓰기

박선자 작가는 이미 두 권의 수필집을 발간하였다. 그칠 줄 모르는 집필력은 자신의 생각을 독자와 공유하고 싶기 때문이다. 낯익은 것을 새롭게 표현하는 첫 길은 자신의 뿌리를 되새겨보는 것이다. 그 대상은 고향과 부모이다. 고향은 자신이 누구인가라는 정체성을, 부모는 영육을 내려준 사람이다.

태어난 마을은 금정구에 자리한 기찰 마을이다. 기찰 마을에는 인

근에서도 가장 큰 최신형 양옥이 있다. 그 집은 「아버지의 집」이라고 불려진다. 일본에서 고생하며 부를 이룬 아버지는 해방 후 가족들을 위한 집을 짓는다. 그 집은 가족의 꿈과 희망을 형상화한다.

> 기와지붕 양옥에는 윗채와 아래채가 있고 윗채로 들어가는 길에는 찔레꽃 아치형 문이 서 있다. 대문 왼쪽에는 키 큰 나무가 그늘을 드리우고 아래채로 내려가는 길에는 사철나무와 개나리 울타리가 서 있다. 채소밭에는 감나무와 대추나무가 자라고 아래채 우물가에는 창포와 붉은 나리꽃이 피어난다. 일꾼들이 사는 집 곁에는 외양간이 있고 마당에는 검은 돌로 쌓은 정원이 있어 갖가지 화초와 나무가 자란다. 봄이면 매화와 개나리가 피고 천리향 향기가 담장 밖까지 풍기며 여름이면 모란이 흐드러지게 피고 가을이면 석류와 대추가 풍성히 익어가고 겨울엔 동백꽃이 피어난다. 기역자 윗채에는 다다미방과 부모가 거처하는 안방이 있고 후시마 문을 열면 큰 방이 되어 손님을 맞이하곤 했다. 할머니 방엔 맛있는 간식을 숨긴 벽장이 있고 큰방 옆엔 넓은 부엌과 식당이 있었다.
>
> -「아버지의 집」 일부 요약

작가가 기억하는 집은 아버지의 삶과 떼려야 뗄 수 없다. 저택에 대한 회상은 집안 가장으로서의 아버지의 헌신과 열정으로 나타난다.

아버지를 주인공으로 하는 집안 이야기는 〈뿌리〉에 집중적으로 반영되어 있다. 일제강점기 시절에 둘째 아들로 태어난 아버지는 가문을 일으켜 세우겠다는 일념으로 평생을 보낸다. 일본에서 원예기술을 익히고 귀국한 그는 불철주야 밤낮 일을 한다. "내일 지구가 멸망하여도 한 그루의 나무를 심겠다."는 금언을 실천하였는데 이것은 한 단체의 지도자는 어떤 정신을 가져야 하는가를 보여주는 예이다.

어머니에 대한 아픔은 「어머니의 마음」 한 편으로 압축된다. 아내로서, 며느리로서, 자식의 어미로 살았던 여인에 대한 회상은 부모의 심정을 알아차리지 못한 미련한 자식의 모습을 대변한다. 요양소에 있는 노령의 어머니를 면회할 때의 마음을 담은 시 「거짓말쟁이들」은 세상 자식들의 아둔한 불효를 질책하기에 충분하다.

> "아버지 만나면 꼭 따라 갈 긴데, 꿈에도 보이지 않는다"
> 엄마는 매일 매일 아버지 만날 꿈을 꾸는데
> 이별만 학수고대하는 우리들
> 모시지 못하는 핑계만 난무하다
> "그래도 꽃잎 떨어지는 날, 눈물 쏟고 슬퍼할까
>
> -「거짓말쟁이들」 일부

작가는 부성과 모성을 회억하면서 자신의 인생이 아버지의 지도력과 어머니의 사랑에 있음을 새삼 깨닫는다.

작가의 출생 일화를 담은 작품에 「내 고향 금정구 기찰 마을」이 있다. 이 작품은 어린 시절부터 지금까지의 인생을 요약한 것으로 자신에게 기찰 마을이 어떤 영향을 끼쳤는가를 말한다. 어린 시절의 질병, 할머니의 애정, 아버지와 함께 탄 자전거, 금정산과 온천천에 대한 애착은 고향 금정구가 어떤 영향력을 미쳤는가를 그려내고 있다.

사람은 새해를 맞이하면 한 해를 계획한다. 초등학교 시절부터 공부에 전념했던 박선자는 중학교 교사로 재직하다가 결혼한다. 잠시 전업주부였지만 문학 창작에 발을 디디면서 시문을 쓰고 50대 후반부터 복지관 한글 선생을 한다. 「새해 앞에 멈추다」는 작가의 이러한 생활을 깔끔하게 정리한 수필로서 삶을 회고하는 응집력을 발휘한다.

슬픈 인생의 페이지는 남편과의 추억을 다룬 「마지막 여름 휴가」와 「우정 씨 카드」라고 하겠다. 「마지막 여름 휴가」는 위암수술을 받고 4년간 투병한 남편과 강원도로 떠난 여름휴가를 내용으로 한다. 동해 바다 해변 민박집에서 보내었던 기억을 결코 잊을 수 없는 이유는 이듬해 시월 남편이 황망히 세상을 떠나면서 다시 찾겠다는 약속을 지킬 수 없기 때문이다. 한 치 앞을 내다볼 수 없는 운명에 대한 후회와 아쉬움은 "그이가 그만 세상을 떠났습니다."라는 짧은 대답으로서 그때까지 억제한 울음을 터뜨리는 촉매가 된다. 박선자의 인생 여정에서 가장 가슴 아픈 시련기에 해당한다.

표제작 「우정 씨 카드」는 진실한 부부애를 주제로 삼는다. 남편의 죽음이라는 서사와 은근한 부부애라는 서정이 결합한 순애보는 고전주의적 부부애가 무엇임을 보여준다, 요즈음 세대의 부부애가 개방적이고 물질적이라면 박선자 시절의 부부애는 쑥스럽고 겸연쩍게 표현되었다. "지난 세월이 아쉽고 그립다."는 서두와 제때 전달되지 못한 카드라는 제제는 애잔한 추억의 화소로서 심금을 울려준다. 남편이 연말을 맞이하여 '민수어머님께'라고 육필로 쓴 카드는 사반세기 동안 묻힌다.

의아해하며 겉봉을 열어보니 역시 다홍색인 붉은 카드다. 둘레를 꽃잎 모양의 곡선으로 금박을 입히고 한가운데 빨강 파랑 노랑 삼색의 태극무늬를 그려서 금박으로 궤를 새긴 부채를 끼워 넣었다. 손잡이는 수실까지 달려있다. 고급스러운 값이 비싸 보이는 카드다. 조심스럽게 열어보았다.

지난해 보살펴 주신 은혜에 깊이 감사하며 새해를 맞이하여 행운이 함께 하시기를 기원합니다. 경애, 은주, 민수 키운다고 수고했습니다.

남편 우정 드림. 1990.12.16.

-「우정 씨 카드」 일부

남편의 카드는 사후에 발견된다. 카드를 쓴지 25년 만에, 사별한 지 7년 만에 이 문구를 읽는 순간 박선자의 손이 떨리고 가슴이 아파왔다. 비통한 침묵, 마침내 25년 만에 남편의 인사말을 읽는 작가는 "미안하다"는 말로만 답할 수밖에 없다. 그들은 장손 집안에서 마음껏 부부애를 표현하지 못한 불운한 연인들이었다. 왜 카드를 직접 주지 않았을까, 쑥스러운 남편이 야속하다고 여길지라도 남편이 아내에게 쓴 "첫 연서이며 마지막 편지"이므로 미안한 쪽은 그녀이다.

요즈음의 부부는 갖가지 형식으로 손쉽게 사랑을 표현한다. 선물로, 돈으로, 때로는 꽃과 카톡으로 전달하지만 카드 편지는 어떤 방

식보다 깊은 믿음을 형상화한다. "수고했습니다"라는 인사를 들은 작가는 추억을 아름답게 지키고 싶어 생전처럼 남편에게 『우정 씨 카드』라는 수필로 답례를 한다.

박선자의 사적 생활이 기찰 마을과 아버지와 남편을 중심으로 한다면 공적 삶의 울타리는 교육과 문학이다. 어린 시절부터 선생님이 되려했던 그녀는 교직생활을 「첫 부임」으로 회상한다. 「회장이 별거더냐」는 작가로서의 현 모습을 보여준다. 글을 쓰든 단체회장을 맡든 책임과 봉사와 배려하는 자세를 잊지 않는다. 회장직조차 고맙게 받아드리는 마음은 아버지와 남편의 행동에 일치하면서 "원하는 대로 힘을 모아 주는 마음"이 세상을 함께 살아가는 기본자세임을 밝히고 있다.

수필집의 수필화자는 박선자라는 인격체와 일치한다. 기찰 마을의 서정성과 아버지의 의지력과 남편의 배려를 이어받은 덕분에 박선자의 뿌리 찾기와 뿌리 내리기는 베풂의 미덕을 함께한다.

2. 사람의 아름다움을 전하는 산문

박선자의 인생길은 사유와 성찰의 두 트랙으로 구성된다. 길을 걷든, 길 위에서 멈추든 그녀는 "내가 나를 얼마나 알고 있을까"라는 자문자답을 계속한다. 그에게는 자신뿐만 아니라 모든 사람이 소중한 존재로 다가온다.

> 내가 몸의 주인이라면 최소한 자신이 언제 어디서 무엇을 잘못

하여 병이 났다는 것을 알아야 한다. 그러지 못하니 몸과 마음이 내 것이라고 할 수 없다. 어디 몸과 마음뿐이랴. 내가 가졌다 생각하는 모든 것이 내 것이 아닌 것이지.

-「식탐」 일부

그가 만나는 사람은 단순히 지인이나 친구가 아니다. 그들은 자아 반영의 거울 역할을 한다. 타산지석이랄까. 훌륭한 인격체를 만나면 그를 닮고 싶고, 실망스러운 사람이면 그렇지 않아야 한다고 조심한다. 작가는 집에 있을 때처럼 사회활동을 하면서 부단하게 인격의 수양을 꾀한다. 주변 사람들이 이구동성으로 그녀가 지닌 자애로운 품성을 공감하는 이유는 작가가 꾸준히 내적 성찰의 길을 놓치지 않았기 때문이 아닌가 한다.

무엇보다 박선자는 주변 환경을 성찰함으로써 그것이 지닌 어려움을 먼저 이해하려 한다. 모든 생물의 첫 번째 본능이 식욕이라고 말하는 「식탐」에서는 "먹지 못하면 죽게 되니 음식을 탐하는 인간의 욕구는 자연스러운 것이다."라고 먼저 수긍한다. 다음에는 지나침의 문제를 제기함으로써 절제하자고 다짐한다. 이렇듯 그녀의 인간관은 비판보다는 이해를 중시하고 나이에 맞는 길을 걷고 있다. 마치 임어당 선생이 쓴 『생활의 발견』에서 "노인의 지혜는 경우를 아는 데 있다"고 한 가르침을 따르고 있는 듯 하다.

그녀의 베푸는 배려는 사회적 신분을 가리지 않는다. 도서관 엘리베이터 앞에서 지켜본 노인의 진중한 행동에서도 배려의 의미를 되새긴다. 배려란 자신의 불편함을 참고 남에게 편리를 베푸는 여유이다. 공공장소일수록 그 가치가 돋보이는 점은 「작은 배려」에 나타난다.

> 나는 한번 돌이켜보았다. 마음이 느긋하다가도 승강장으로 올라가는 엘리베이터 앞에 서면 마음이 왜 자꾸 조급해지는지 모르겠다. 문이 열려있다 닫힐 듯 보이면 어김없이 손짓을 하고 "함께 타고 갑시다."소리를 질렀다. 그러면 열림 버튼을 누르고 기다려주는 사람이 있는가 하면 그냥 닫힘을 누르고 올라가버릴 때도 있다. 거기다 타고 갈 자리가 텅 비어 보이면 "같이 타고 가도 좋을 건데"하면서 원망을 할 때도 여러 번 있었다. 지금 생각해보니 그들 모두 약속 시간이 촉박하거나 바쁜 사정이 있어서 그랬을 것 같다.
>
> -「작은 배려」 일부

작가가 자성을 숨기지 않는다. 그 미흡한 하루를 바탕으로 한결 따뜻해진 시선으로 주변사람을 돌아본다. 어린 시절 할머니로부터 받은 "남의 손가락질 받지 말고 살아야 잘 사는 사람이다."라는 가르침에 따라 사회에는 갖가지 부류의 사람이 있음을 목격한다. 유유상종이란 말이 있지만 환경이 달라도 소통의 관계가 도처에 있다는 사실을 발견한다. 한 가지 예는 어느 날 우체국까지 책을 배달해야 할 때에 만난 폐지수집상이다. 폐지수집상 아주머니는 책을 배달해주면 만 원을 주겠다는 제안을 받아들여 책을 붙였는데 그 아주머니가 돈을 너무 많이 받았다며 돌려주려 한다. 이때 작가는 배려의 마음이란 가진 자와 가지지 않은 자를 구별하는 것이 아니라 진실한 인간과 진실하지 않는 인간을 구별하는 기준이라는 사실을 확인한다. 돈 앞에서 양심을 지키는 일은 쉽지 않은 만큼 힘들게 살면서 제 분수를 지키며 묵묵히 제 길을 가는 사람이 "정말 고마운 사람"일 수밖에 없다. 그래서 작가는 폐지수집상 아주머니를 두고 "나에게 일 만원의 가치를 깨우쳐 준 스승이다."라고 전하고 있다.

나이를 먹을수록 어떻게 살아야 할까. 그 진실은 일본 다큐멘터리를 소개한 〈차근차근 천천히〉에서 밝혀진다. 일본 시골에서 살아가는 두 노부부는 키우는 풀과 나무를 통해 땅의 순리를 깨닫는다. 두 부부는 자애롭게 상대를 돌보면서 만년의 생활을 행복하게 꾸려간다. 그들은 행복은 재물이나 명예에 있는 것이 아니라 텃밭을 잘 가꾸고 정성껏 한 끼 식사를 준비하는데 있음을 안다. 이러한 부부의 삶에서 작가가 느끼는 것은 "모든 것은 정성이고 마음"이라는 사실이다.

> 노부부의 일상이 참 행복해 보였다. 지난 세월 남편과 살았던 나의 삶도 되돌아볼 수 있었다. 별로 잘하는 것도 없으면서 자존심만 가득했던 날들. 상대를 배려하고 이해하고자 하는 마음보다 상대가 나를 이해하고 베풀어주지 않는다는 마음만 가득했던 철없던 젊은 시절을 떠올려 보았다. 다시 젊은 날로 돌아갈 수 있다면 하고 싶은 일이 너무 많을 것 같다. 아직 살아있으니 지금부터라도 후회할 일을 적게 하고 배려하고 살고 싶다는 생각을 해보았다.
>
> -「차근차근 천천히」 일부

이 작품은 박선자의 인생론을 대변한다. 우리는 누구를 고마운 사람으로 기억하는가. 잔잔한 감동을 주는 배려를 베푸는 사람들이다. 남편인 우정씨가 남긴 엽서에 지극한 아픔과 고마움을 느끼는 이유도 아내에게 베푼 감동어린 배려에 있다. 엘리베이터 앞에서 상대방이 먼저 타도록 기다리는 사람. 일만 원의 수고료를 과하다고 생각하는 아줌마. 지난 설날의 설빔인 치마저고리를 여름에도 입고 있는 아끼꼬라는 소녀… 이들은 모두 배려라는 아름다운 꽃을 피워내는 사람들이다.

작가는 여러 부류의 사람들을 만났다. 그들은 나이와 신분을 가리지 않고 나름의 인생론을 가르쳐주었다. 그 모든 인생론은 "차근차근 천천히"라는 담론에 모아진다. 노년의 삶이라는 길을 걷는 지금, 박선자가 소중히 여겨야하는 것은 '천천히 그러나 지혜롭게'라는 배려와 여유의 삶이다. 느림이 있어야 배려의 시선을 널리 베풀 수 있으니까. 이 소중한 인생관을 깨달았기 때문에 작가는 세 번째 수필집 『우정 씨 카드』에서 아름다운 사람을 통해 삶의 진실을 전달하고 있는 것이다.

3. 영혼의 길잡이로서 여행

사람은 인생을 살아가는 동안 갖가지 부정에 물들기 쉽다. 그런 세상에서 글을 쓰는 사람은 쉽게 더럽혀지고 거칠어진다. 탁해진 자신의 영혼을 순결하도록 작가는 길을 떠난다. 적어도 여행을 하는 동안은 죄를 짓지 않을 수 있다는 티베트 격언을 믿기 때문이다. 적어도 작가다운 작가라면 한 번의 여행을 마치면 한 편의 수필을 쓴다. 박선자도 여행을 떠나고 돌아오면 글을 쓴다. 수필가가 기행작가가 되는 순간이 이때이다. 그래서 그녀의 기행수필은 단순히 여행일지가 아니라 자신의 삶을 새롭게 되돌아버는 사색의 담론이 된다.

> 여행이란 어느 때에 떠나도 좋다. 같은 곳을 여러 번 다녀도 함께한 도반과 시기에 따라 다른 감흥을 받는다. 여행할 지역의 역사와 문화생활을 공부하고 연구하여 가면 그만큼 더 많이 배우고 즐길 수 있다.
>
> -「달을 품은 월정사」 일부

시월 가을에 월정사 계곡에 들어선 작가는 온 산이 단풍으로 불타는 풍경을 바라보면서 산의 가르침을 겸허하게 받아드린다. 산이 가르쳐주는 것은 산의 진가를 이해하라는 것이다.

이러한 여행옹호론은 크로아티아 여행기인 「기대가 크면 실망도 크다」에서 살필 수 있다. 그녀는 "기대가 크면 실망도 크다"는 말은 사회생활에서도 마찬가지라고 말한다. 자녀에 대한 기대, 미래에 대한 동경 등등 어느 것 하나 희망을 충족시키는 것이 없다. 희망에 목숨을 걸고 달려오지만 때로는 여행에서 실망하듯이 세상일에서도 좌절한다. 이렇듯 작가는 세상을 여행하면서 인생을 여행한다.

초시간적인 삶을 순례하는 작가는 때로는 사라진 사람들을 생각한다. 그중의 한 사람이 남편이다. 남편의 환갑을 맞아 미국을 여행했던 때를 기억하며 남은 가족과 함께 여행할 때 그녀는 비행기에서 남편에 대한 꿈을 꾼다.

> 여행 가방에 지니고 다니는 지방 때문인지 남미의 긴 여행에서 돌아올 때였다. 리마공항에서 탑승한 비행기에서 잠깐 조는 동안 남편과 동행하는 꿈을 선명하게 꾸었다. 남편은 살아있을 때와 똑같이 여행하는 비행기 안에서 우연히 함께 탄 친구가 우리 좌석을 지나치다 "아이구, 같은 비행기를 탔네!"하며 반갑다는 인사를 청하자 벌떡 일어나며 "오! 문여사,"하고 반갑게 악수를 청하였다. 짙은 갈색 모자에 선글라스를 낀 평상시의 모습으로 친구에게 그의 특이한 몸짓으로 악수를 청하며 반겼다. 깜짝 눈을 뜨니 내 좌석의 양편에는 아들과 딸이 졸고 있었다.
>
> -「마천루의 도시, 뉴욕의 얼굴」 일부

남미 여행에서는 사회적 안목이 두드러진다. 특히 삼바 춤과 이과수 폭포의 묘사는 기행작가로서의 감수성을 한껏 발휘한다. 삼바축제에서 한국의 살풀이춤을 떠올리는 작가는 아프리카 노예들의 한과 한국 서민의 한을 일치시키는데 이런 기법은 축제의 현장을 관광객이 아니라 문화연구가로서 지켜볼 때 가능하다는 점에서 박선자의 농익은 인생을 엿볼 수 있다. 싸움, 술, 사랑, 그리움, 빈곤 등 갖가지 냄새를 춤으로 승화시키는 삼바 춤에서는 예술만이 인간의 불안을 다독여준다는 사실을 깨닫는다.

국내여행기에는 「달을 품은 월정사」, 「아들과 스키」, 「백두산 천지를 가다」, 「천사(1004)의 섬 정도에서 일박을」 등이 있다. 민족의 영산 백두산 천지에서 그녀는 우리 민족은 갖가지 시련을 참고 견뎌야 한다는 가르침을 얻는다. 「아들과 스키」에서는 스키를 타는 젊은 청춘을 지켜보면서 휴가 없이 삶의 전선에 섰던 과거를 회상한다.

박선자의 기행문학이 지닌 특징은 기행시와 기행산문의 합성이다. 증도 여행기는 시와 산문에 스며든 서정적 감동을 극대화한다. 문학기행을 떠난 분위기 탓도 있겠지만 저녁노을에 물들어가는 염전은 그녀의 문학적 감수성을 고조시켜 수필로써는 풍경을, 시로써는 감성을 전달한다.

> 해변으로 접어들었다. 얼마간의 숲길을 지나고 둥그스름하게 길게 누운 아름다운 해변이 눈앞에 들어온다. 잔잔한 파도와 아침 햇살을 받아 약간 뽀얀 안개가 피어오르는 넓고 푸른 바다다. 아득히 멀리 야트막한 섬들이 바다를 에워싸고 있다. 바다에 뛰어들고 싶어졌다. 물에 젖은 한없이 보드라운 모래를 한 움큼 손에 쥐어 보았다. 차디찬 바닷물과 모래가 손가락 사이에서 흘러내린다. 해풍이 짜릿하게 느껴져 정말 좋다.
>
> -「천사(1004)의 섬 정도에서 일박을」 일부

소금이
세상의 씨앗이라는 걸
누구나 알고 있다.

소금이

바다의 가슴이라는 걸
누구나 알고 있다.

바닷물과
햇볕과
바람이 잉태한
흰 색의 순수한 몸
제 몸 내어주어 만물의 씨앗이며 우주의 어머니다.

세상맛의 으뜸이오
생명의 샘물이니
사람은 누구나 소금이 되고 싶다.

- 박선자의 졸시 「소금」 전문

수필가와 시인으로서 박선자는 바닷가 염전을 지켜보며 소금의 본질을 읊는다. 그것은 어머니같은 희생이다. 겸손과 겸허도 배운다. 이 점은 그녀에게 여행은 맑은 영혼을 갖게 해주는 글쓰기의 일부임을 뜻한다. 그래서 산문적 성찰과 시적 감동이 어울린 그녀의 여행수필은 생활의 재발견이라는 의의를 갖는다.

다시 떠나는 작가를 위하여

박선자의 삶은 다채롭다. 학생을 가르치는 교사였고 일반인을 가르치는 한글 강사였다. 시인이고 수필가이다. 이러한 창조적 인간상은 박선자의 삶을 남다른 영역으로 이끈다. 그곳은 문학을 통하여 자신을 정화시키고 교육을 통하여 자신의 인격을 함양함으로써 천성적인 감성의 지평을 넓혀준다. 기찰 마을에 대한 향수로 시작하는 『우정 씨 카드』가 인간에 대한 배려와 여행지에 대한 상상이 넘칠 수 있었던 이유가 여기에 있다.

세 번째 수필집은 그만큼 인간으로서의 삶과 작가로서의 변신이 한결 충실해졌음을 보여준다. 이전에 발간한 수필집과 시집의 서문에서 "시인의 고통과 창작세계의 외로움"을 토로하고 "쉽게 다가설 수 없는 사람"같다고 한 애정이 한결 정갈해진 것이다.

박선자는 시 속에 산문정신을, 산문 속에 시혼을 쉼 없이 불어넣는다. 문학을 통하여 얻은 풍부한 경험의 심미적 경과가 『우정 씨 카드』에 나타난 사실은 앞으로 박선자의 삶과 문학이 어떤 변신을 거듭할지를 보여준다.

박선자 수필집
우정 씨 카드

인쇄일: 2019년 8월 10일
발행일: 2019년 8월 16일

지은이: 박선자
펴낸이: 최경식
펴낸곳: 도서출판 청옥문학사
인쇄처: 세종문화사

등록번호 제10-11-05호
E-mail: sik620@hanmail.net
전화: 051-517-6068

값 12,000원

ISBN 978-89-97805-84-6 03810

이 도서의 국립중앙도서관 출판예정도서목록(cip)은 서지정보유통지원시스템 홈페이지(http://seoji.nl.go.kr)와 국가자료공동목록시스템(http://www.nl.go.kr/kolisnet)에서 이용하실 수 있습니다.(cip201928038)

* 본 도서는 2019년 부산광역시, 부산문화재단 지역문화예술특성화지원사업으로 지원을 받았습니다.